JN294622

HI
NSHO
朝日選書
899

人口減少社会という希望

コミュニティ経済の生成と地球倫理

広井良典

朝日新聞出版

人口減少社会という希望——コミュニティ経済の生成と地球倫理　目次

図表作成・フジ企画

人口減少社会という希望
コミュニティ経済の生成と地球倫理

広井良典

はじめに　人口減少社会という希望

「人口減少社会という希望」という表現は、かなり奇妙なというべきか、あるいは奇をてらった表題と感じる人が多いかもしれない。

しかし私自身は、本書の中で述べていくように、人口減少社会は日本にとって様々なプラスの恩恵をもたらしうるものであり、私たちの対応によっては、むしろ現在よりもはるかに大きな「豊かさ」や幸福が実現されていく社会の姿であると考えている。

この点に関し、最近私にとって非常に印象深い出来事があった。それは、大学での社会保障論という授業で学生が書く小レポートで、人口減少社会を肯定的にとらえる意見が思いのほか多数あったという点である。

学生のレポートから

たとえば、「メディアや世間では『人口減少社会』に関するデメリットばかり強調されている」といった意見に始まり、「買い物をしていてよく思うのが、食糧がなくならないのかという心配です。……たとえ少子化になろうとも、人口減少に傾いていくべきだと思います」など、時代の流れや世代的な感覚を反映してか、環境や食糧問題の視点からの意見が多く見られた。

また、「ゆったりとした空間や時間というのは、すしづめのようになって生きていくことの多い都市では感じにくいものになっています。私は地元が四国で緑がとても豊かで、山々や川にかこまれて育ったせいか、千葉に来て時々そのような自然が恋しくなります」とか、「田舎から出てきて都会を見ている自分としては、都市部の人口過密分を、地方に移すことができれば問題は解決するのではと思う」など、大都市圏と地方の関係や人口の空間的分布に関すること、また高齢化と社会保障に関する世代間公平など「分配」の問題の重要性を指摘する意見も多くあった。

こうした点も踏まえながら、私が「人口減少社会という希望」ということを論じる、その基本的な趣旨をまず簡潔に述べてみよう。

最初にいくつかの事実関係を確認しておくと、周知のように日本の人口は２００４年に１億２７８４万人でピークに達し、２００５年からすでに人口減少社会に入っている。

そして国立社会保障・人口問題研究所の将来推計（２０１２年１月）では、２０６０年の人口は９０００万人を割って８６７４万人になると予想されている。これは、いわゆる合計特殊出生率（以下単に「出生率」）がほぼ現在のままの１・35で推移すると仮定した場合の推計（中位推計）であり、出生率の直近の数字は１・39（２０１１年）である。ちなみに出生率が１・60まで徐々に上昇していくと仮定した場合の推計人口は１億人弱（９４６０万人）となっている。なお今回のこの将来推計人口は、前回の推計（２００６年12月）が出生率を１・26と仮定したのに比べて、わずかに〝上方修正〟されているものである。

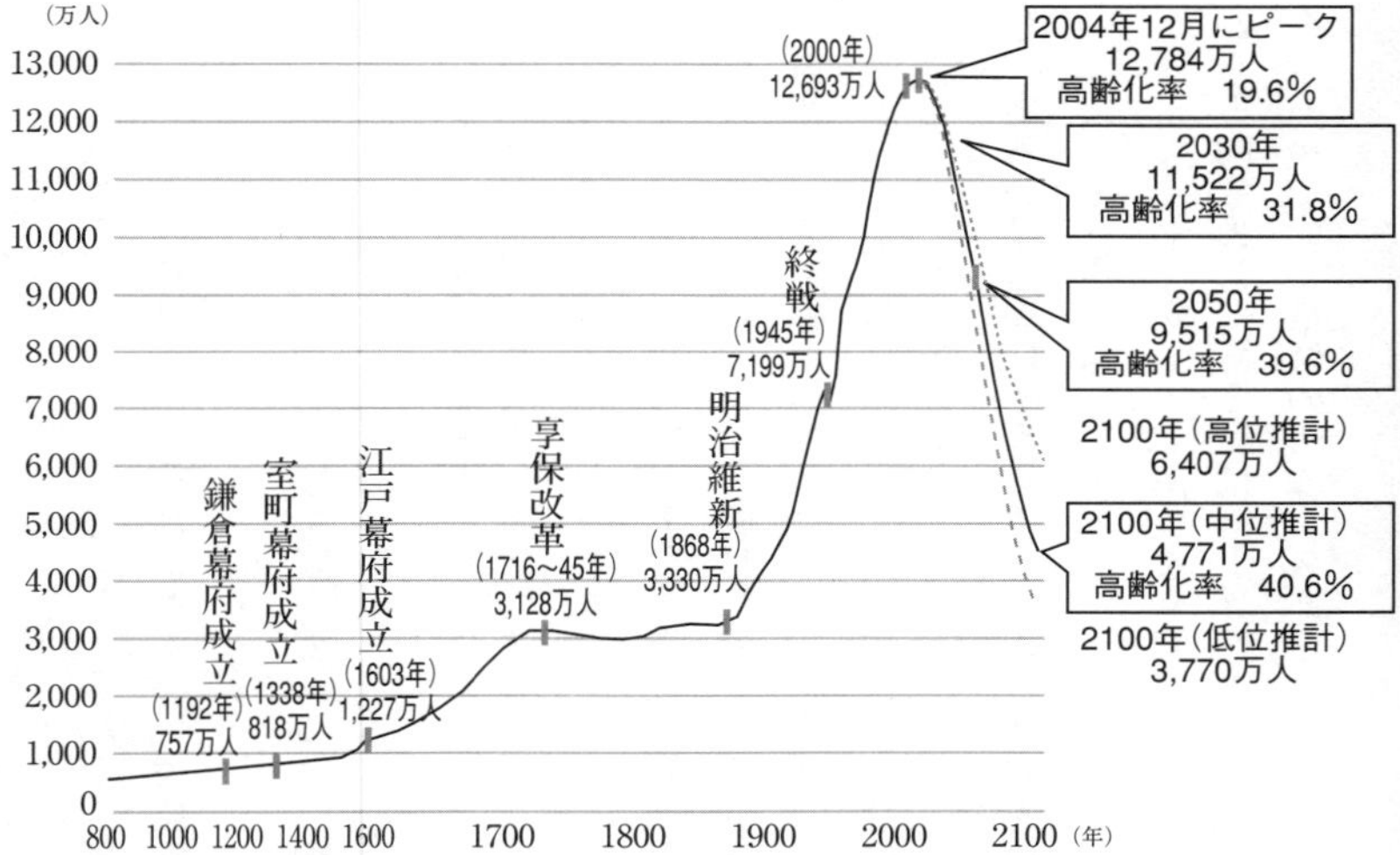

日本の総人口の長期的トレンド

(出所) 総務省「国勢調査報告」、同「人口推計年報」、同「平成12年及び17年国勢調査結果による補間補正人口」、国立社会保障・人口問題研究所「日本の将来推計人口(平成18年12月推計)」、国土庁「日本列島における人口分布の長期時系列分析」(1974年) をもとに、国土交通省国土計画局作成

他方、時間軸をさらに広げて、大きな歴史の中での日本の人口の推移を見るとそれは**図**のようになっている(ここで出ている将来推計の部分は前回推計の数字)。

これを見ると、江戸時代後半の人口は3000万人強でほぼ安定していたが、明治維新以降、あたかも線が〝直立〟するほどに急激に人口増加が起こり、第二次大戦後に7000万人強であった後も同様の急勾配の増加が続いたことがわかる。しかし上記のようにそれが2004年にピークに達するとともに、今度は一転して人口減少社会となり、急勾配の「下り坂」を降りていくことになる。

この図を見ると、それはまるで

ジェットコースターのようであり、それが一気に落下する、ちょうどその〝縁《ふち》〟に私たちは現在立っているように見える。それが多くの「大変な問題」を私たちに突きつけることは、確かなことである。

しかしこの図を少し角度を変えてみると、やや異なった様相が見えてこないだろうか。

人口トレンドの見方を変える

まずそれは、明治以降の私たち日本人が、いかに相当な〝無理〟をしてきたかという点である。江戸末期に黒船が訪れ、かつその背後にある欧米列強の軍事力を目の当たりにし、あたかも頭を後ろからハンマーで殴られたような衝撃を受けた。そうしたショックから、体に鞭打ってすべてを総動員し、文字通り〝拡大・成長〟の坂道を登り続けてきた。

当初は「富国強兵」のスローガンを掲げ、その行き着いたところが敗戦であった後も、あたかも〝戦争勝利〟が〝経済成長〟という目標に代わっただけで、基本的な心のもちようは同じのまま、上昇の急な坂道を登り続けたのである。この10年ないし20年は、そうした方向が根本的な限界に達し、あるいは無理に無理を重ねてきたその矛盾や〝疲労〟が、様々な形の社会問題となって現れていると見るべきではないか。

そして、以上のように考えていけば、むしろ人口減少社会への転換は、そうした矛盾の積み重ねから方向転換し、あるいは〝上昇への強迫観念〟から脱出し、本当に豊かで幸せを感じられる社会をつくっていく格好のチャンスあるいは入り口と考えられるのではないか。

もう一つ、次のような視点もある。日本の人口は2011年時点でなお1億2780万人であるが、たとえばイギリス、フランス、イタリアの人口はいずれもほぼ6000万人で、日本の概ね半分に過ぎない（フランスとイギリスはともに約6300万人、イタリアは6000万人強〔2011年〕）。この場合、イギリスとイタリアは日本より面積が小さいが、フランスは54万平方キロで日本の1・5倍に近い。またドイツは面積が日本とほぼ同じだが、人口は約8200万人である。加えて古くから指摘されてきたように、日本の特徴は山林面積の割合が圧倒的に大きく、人が住める面積が大幅に限られていることである。

もちろん人口水準については様々な議論があり、一定の面積に対して〝適正な人口水準〟なるものが存在するかについては慎重であるべきだろう。しかしながら、以上のような事実関係からすれば、少なくとも現在の日本の人口が、絶対に維持されるべき水準であると考える理由はどこにもないのではないか。むしろ、先ほどのグラフにも示されるように日本の人口は急激に増えすぎたのであり（かつそれに伴って無理をしすぎてきたのであり）、現在よりも人口が多少減ったほうが、過密の是正や空間的・時間的・精神的なゆとり、環境・資源問題等々、様々な面でプラスであると考えるほうが理にかなっている。

人口はある程度まで減り、やがて均衡化する

ただし、誤解のないよう重要な点を述べるが、私は〝人口がずっと減少を続ける〟という状況が好ましいとは考えていない。というのも、一つには、現在の1・39という出生率の水準は、子育てと仕事の両立が困難な社会、あるいは様々な統計に示されているように、望ましいと思う子どもの数と実際の子どもの数の間にギャップがある（ほしいだけの子どもを生み育てることが難しい）社会という意味で、つまり個人のミクロのレベルでの幸福という点で、望ましいとは言えないからだ。

そうした意味では、子育て支援あるいは子育てと仕事の両立に（あるいはいわゆるワークライフバランスの実現に）力を入れた政策展開を行っている北欧やフランスのように、出生率は2・0前後まで回復するのが望ましいだろうし、それは人口水準の均衡ないし定常人口という点からもおそらく妥当なものだろう。

したがって、今後の人口減少とその先に関する私の基本的なイメージは次のようなものである。

一方で、人口減少自体は今後も当分は変わらない。これは、ごく単純な事実として、出生率が今から突然急に跳ね上がることは現実には考えられないし、またかりに突然そうなったとしても、高齢化の中で死亡数の増加は今後も当面続くので（死亡数のピークは2039年ないし40年）、当面の人口減少という現象は変えようがないという点である。

しかし他方、上記のような考えから、出生率は徐々に回復して最終的には2・0前後（正確には、人口がフラットになる「人口置換水準」の2・08程度）にまで回復していくことが望ましい。したがって、その結果として、大きく言えば人口はある水準まで減って〝下げ止まり〟、その後は均衡あるいは定常人口で推移する、という展望である。

その水準がどのくらいであるかは、当然のことながら出生率の回復の動き如何で変わってくる。それは9000万人前後でもありうるし、ドイツ並みの8000万人かも、イギリス、イタリア、フランス並みの6000万人かもしれない。ちなみに国連の人口推計では、先進諸国の出生率は2100年に向けて最終的に2・0前後に収斂するという前提で推計がなされており、これによれば日本の人口は2100年には9000万人程度で安定することになっている。

以上のような出生率の上昇ないし回復に関しては、私はそこでもっとも重要なのは、比喩的な言い方になるが〝北風ではなく太陽〟的な発想ないし対応だと考えている。

つまり、〝少子化が進むと経済がダメになるからもっと出生率を上げるべきだ〟とか〝人口が減ると国力が下がるから出生率は上昇させなければならない〟といった発想では、おそらく事態は悪化していくばかりだろう。それは本稿で述べている「拡大、成長、上昇」期の発想でしか物事を見ていないことに等しい。そうした考え方や方向自体が限界に達し、あるいはその矛盾がきわまった結果として、現在の低出生率があるのである。

そうではなく全く逆に、そうした「拡大・成長」志向そのものを根本から見直し、もっと人々がゆとりをもって生活を送れるようにする、その結果として出生率の改善は現れてくるものだろう。〝北風ではなく太陽〟と述べたのはこうした趣旨である。

課題は何か

2010年11月に出されたイギリスの雑誌『Economist』は日本特集の号だった。その表紙には、大きな日の丸を背中に抱えてつぶれそうになっている子どもの姿が象徴的に描かれ、「Japan's burden(日本の負担)」という見出しがつけられていた。

そして「日本症候群（Japan Syndrome）」というキーワードとともに、日本が抱える問題の本質は他でもなく高齢化と人口減少にあり、それをいかに克服していくかが日本にとっての課題であり、しかもこの問題は世界各国が日本を追いかけるように直面していく問題なので、日本がそれにどう対応していくかは日本だけの問題にとどまらず、世界が注目しているという趣旨の議論が展開されていた。

私はここまでも述べてきたように、人口減少社会は必ずしもマイナスの事態ではなく、むしろポジティブな可能性を多く含んでいるという考えをとっているので、この『Economist』の論調やそこで論じられる処方箋――特に市場経済化を進め経済成長をいかに図っていくかが最大のポイントであるといった考え――とは異なる意見をもっているが、とは言え人口減少社会が様々な〝大変な問題〟を抱えているのは確かなことである。

そうしたクリアすべき課題あるいはハードルのうち、特に大きなものは次のような点だろう。

第一は、言うまでもなく社会保障などの「分配」をめぐる問題である。高度成長期は、経済のパイが拡大を続け、要は〝みんなが得をする〟時代であり、「分配」の問題など考える必要がなかった。この結果、高度成長期の〝成功体験〟がしみついている人たちは、今もなお「経済成長がすべての問題を解決してくれる」と考えている。しかしそうした時代では全くないのが現在であり、世代間の公平の問題を含め、私たちは「負担」や「分配」の問題に正面から向き合っていく必要がある。

そのように言うと、何か積極的なビジョンを放棄した、後ろ向きの展望に響くかもしれないが、それは間違っている。そこにはむしろ、現在よりも高福祉・高負担型の、豊かで安心できる成熟社会のビジョンが開けるのである。

くわしくは本書の中で述べていきたいが、それは大きくはヨーロッパ（特にドイツ・フランス以北）に近い社会のモデルである。

私は1980年代の終わりと2001年に計3年アメリカで暮らしたが、そこに思い描いていた「生活の豊かさ」はなかった。

あまりに格差が大きいため、街の中心部は荒廃し、完全な自動車社会ということも加わって、歩いてゆっくり楽しめるような空間がない。アメリカは「強い成長・拡大志向、小さな政府（低福祉・低負担）」という点に特徴づけられる社会だが、むしろ社会保障や環境に軸足を置き、「持続可能な福祉国家」と呼べるような成熟社会を志向しているヨーロッパのほうが、はるかに生活の豊かさが感じられ、また人々の「幸福度」も高いのである。

そうした〝豊かな成熟社会〟のビジョンやイメージを持てるかどうかが、日本社会の今後にとっての大きな分岐点になるだろう。そして本書で描いてみたいのはまさにそうした成熟社会の社会像なのである。

人と人との関係性――「ゆるいつながり」あるいは都市型コミュニティ

第二の課題として、人と人との関係性という点がある。

現在の日本社会は、国際比較においてももっとも「社会的孤立度」の高い社会となっている（広井〔2009b〕参照)。これは、私自身が以前から様々な形で論じてきた点だが、日本社会あるいは日本人が概して〝集団が内側に向かって閉じる〟とでも呼ぶべき傾向を強くもち、集団の「ウチ」と「ソト」の区別が強く、集団の内部では過剰なほど気をつかったり同調的な行動をとる一方で、自分の属する集団の「ソト」に対しては無関心であったり潜在的な敵対性をもつということが背景になっている。

そしてこの点もまた高度成長期に特に強まった傾向であり、そこでは「カイシャ」と「核家族」がそうした閉鎖的な単位となったのだった。

したがって、日本社会の基本的な課題として、個人をベースとする、〝集団を超えた(ゆるい)つながり〟や関係性をいかに築いていくかという点がある。これは特別に難しいことを言っているのではなく、見知らぬ者どうしがちょっとしたことで声を掛け合うとか、挨拶やお礼の言葉を口にするといったような、ごく日常的な場面での人と人との関わりに関することだ。

実はこの点に関しても、私は学生や比較的若い世代の行動パターンを見るにつけ、通常言われている〝最近の若者は〟的な議論とは逆に、むしろそうした成熟社会の「ゆるいつながり」ないし「都市型コミュニティ」に向けた兆しが、(少なくともいわゆる団塊世代前後の人々などに比べて)確実に現れてきているように感じている。

もちろん一方で、集団を超えた価値原理が弱く、したがって何より場の「空気」で物事が動く傾向の強い日本社会において、個人をベースとした都市的な関係性を築いていくという点は、〝永遠の課題〟とも呼べるようなものだと私は思ってきた。

いずれにしても、こうした人と人との関係性のあり方は、「人口減少社会という希望」にとっての中心的な柱をなすもので、本文の中でさらに考えていくことにしよう。

価値あるいは精神的な基盤

課題の第三として、やや難しい言い方になるが、「価値原理」あるいは「精神的なよりどころ」という点を挙げたい。

思うに現在の日本社会あるいは日本人ほど、深い次元で「不安」な人々はいないのではないか。それは一つには、不景気で雇用が不安定であるとか、老後に関する心配等々といった、経済や現実の生活に関わるものが確かにあり、それは第一の課題として挙げた社会保障や分配の問題にも関わっている。

しかしそれだけではない。それはもっと深いレベルでの、精神的なよりどころあるいは「土台」とも言うべきものが失われているという点に関わっているのではないか。

それはこういうことである。先ほど見た人口変動の図とも関係してくるのだが、江戸末期の黒船ショック以降、日本社会あるいは日本人は、幾度かにわたってそれまでの伝統的な土台を否定し捨ててきた。

つまり江戸時代までの日本人は、本書の中で論じていくように神道・仏教・儒教といった伝統的な価値を日常的な習慣や年中行事などとともにそれなりに保っていたが、〝欧米列強〟の軍事力を目の当たりにして衝撃を受け、一方でそうした科学技術を導入すると同時に、(キリスト教を取り入れることはいわば相手方の土俵に乗ってしまうことになるため）「国家神道」という柱を突貫工事で作り上げ、富国強兵の道を突き進んでいった（奇しくもこれは、先ほど見た人口変動の図での急激な上昇と重なっている）。

しかし第二次大戦に敗れ、それまでの国家神道は否定されるとともに、それに代わって「経済成長」ということが全ての目標あるいは「価値」となり、今度はひたすらそれに向かって突き進んでいった。そこでは戦前に対する反省もあって、精神的な価値などといったものは考えないほうがよいとされ、物質的な富の拡大あるいは功利的な損得のみに意識を集中させていったのである。

私は戦後の日本社会ほどすべてが〝世俗化〟された社会は世界的に見て珍しいと思うし、逆に言えば、戦後の日本では「経済成長」ということが文字通り〝信仰〟のようなものになったと言ってもよいだろう。

しかし90年代前後から、そうしたパターン自体が根本から維持できなくなり、かといって経済成長に代わる価値や土台を見出すこともできず、何をよりどころにすればよいかが見えぬまま、途方にくれているというのが現在の日本社会あるいは日本人ではないだろうか。

ではどうすればよいのか。何がこれからの日本社会あるいは日本人にとっての価値ないし精神的な基盤になりうるのか。

これについても本文の中で様々な角度から明らかにしていきたいが、手がかりは、実はやはり先ほどの人口変動の図にあると私は考える。

つまり、明治の初め以降の急激な人口上昇カーブ、飛行機にたとえればその〝離陸〟の過程で捨て去りあるいは失ってきたものを、もう一度再発見・再評価し、取り戻していくということである。それはちょうど、人口カーブがピークを過ぎ、人口減少社会に入る中で、あたかも飛行機が〝着陸〟の方向に向かい、かつての「土台」に再び接近していくのと深いレベルで関係している。

かといって、それは単に過去に戻るということではないだろう。「なつかしい未来（ancient futures）」という言葉があるように、それは単なる伝統への回帰ではなく、ましてや伝統の名の下に排他的で〝国粋主義的〟な方向に向かうことでもない。

そのような価値のありようを含めて、「人口減少社会という希望」を本書の中で描いてみたい。

私たちが高度成長期の発想や価値観の枠組みの中で、あるいはその延長線上で物事を考える限り、人口減少社会は敗北あるいは〝衰退〟に向けた進行としか考えられないだろう。

しかしここまでその一端を記してきたように、新たな視座で状況を見るとき、それはむしろ全く逆に、日本社会が真の豊かさを実現していくことに向けての大いなる道標として立ち現れるのである。

以上のような関心を踏まえて、本書は次のような2部によって構成されている。**第Ⅰ部（人口減少社会とコミュニティ経済）**は、人口減少社会ないし「ポスト成長」の時代において浮上する様々な課題や方向性を、コミュニティ、ローカル化、まちづくり、都市・地域、政治、社会保障、資本主義等々といった多様な話題にそくして論じるもので、いわば本書の中での〝社会・現実編〟とも呼べる内容である。

簡単な読み物としてのインターミッションをはさんで、続く**第Ⅱ部（地球倫理のために）**は、そうしたこれからの時代において問われてくる理念や価値、あるいは世界観のありようを、「科学」のゆくえという関心を重視しつつ、「地球倫理」というコンセプトを軸に展開するもので、いわば〝理念・哲学編〟とも呼べる部分である。

第Ⅰ部と第Ⅱ部は、一見すると異質なテーマ群を扱っているように見えるかもしれないが、（あとがきにも記すように）両者は緊密に連動する関係にある。と言っても、各部それぞれの8つの節は、ある程度独立した読み物としても読めるようになっているので、読者の方は、必ずしも構成の順にとらわれず、興味のあるところから読んでいただければ幸いである。

第Ⅰ部　人口減少社会とコミュニティ経済
——ローカルへの着陸

1　ポスト成長時代の価値と幸福

GKH・GNH・GAH

少し前に高知県の経済同友会の方々に呼ばれて今後のコミュニティや地域再生のあり方についてお話をさせていただく機会があった。同会は、高知が10年後に目指すべきトータルビジョンとして「日本一の幸福実感県・高知」の実現を掲げ、独自の幸福度指標「GKH（グロス・コウチ・ハピネス）」の検討を既に進めている。

高知県は県民所得といった指標では日本の中でもっとも下位に位置しているが、森林など自然環境の豊かさや一次産品、コミュニティ的なつながりなど、既存の指標では測れないローカルな「豊かさ」を再評価しつつ、新たな「土佐」的社会のあり方を具体的な政策とともに構想するものだ。

もちろんGKHはブータンのGNH（Gross National Happiness、国民総幸福量）に触発されたものなので、同会はブータンの首相らを招いたり訪問したりする活動も並行して進めている。

ブータンのGNHに触発された自治体レベルの動きという点では、最近ではかなり知られるようになった東京都荒川区の「GAH（グロス・アラカワ・ハピネス）」の試みがある。私も多少の関わりがあり、都市－農村ないし中央－地方という座標軸から見ればある意味で高知とは対照的なポジションの地域だが、同区は独自のシンクタンクを設立して具体的な指標作りを進めるほか、その一環として子どもの貧困問題などに関する調査研究や政策対応に取り組んでいる。

荒川区や高知県に続いて、全国の自治体や団体が「G○H」という試みを始めていくと収拾がつかなくなるのではと思わなくもないが、大事なことは、GDPやGNPという〝一元的な座標軸〟から人々の意識や行動、「豊かさ」についてのイメージ、そして政策が解放されていくことだろう。

つまり「GDP」は一つであっても、「G○H」の内容は多様なのである。その意味で、ポスト成長時代の社会――私自身は「定常型社会」と呼んできた社会――とは、人々が一つのものさし、あるいは社会全体を一つの方向に駆動するような〝大きなベクトル〟から解放されて自由になり、一人ひとりがそれぞれの創造性や多様性を発揮し楽しんでいく社会であるはずだ。そうした方向に向けた〝新しい風〟は、今確実に全国各地で吹き始めていると思う。

幸福度の低い日本vs.もっとも幸せだった日本?

ところでいま幸福に関して述べているが、世界の様々な幸福度指標ないしそのランキングにおいて、現在の日本はずいぶん低い位置にある。たとえばミシガン大学の世界価値観調査では43位、イギリスのレスター大学の「世界幸福地図(World Map of Happiness)」では90位という具合に。

こうした点については近年様々に議論がされるようになり、また、幸福度や主観的な生活満足度といったものについては、文化差といった要素もあるため単純な国際比較は難しく、この種のランキングを額面通り受け止めることについては慎重であるべきことは確かである。

ただし、そうした点はひとまず置いた上で、ここでは以上のような幸福をめぐる最近の状況に比べて意外に知られていない事実に注目したい。それは江戸時代の末期から明治の初めにかけて日本を訪れた外国人が、上記のような現在のランキングとは対照的に、口をそろえて〝日本人ほど幸福に見える国民はない〟という指摘を行っている点である。

たとえばアメリカの初代総領事ハリスは次のように述べている。「彼らは皆よく肥え、身なりもよく、幸福そうである。一見したところ、富者も貧者もない。——これが恐らく人民の本当の幸福の姿というものだろう。私は時として、日本を開国して外国の影響を受けさせることが、果してこの人々の普遍的な幸福を増進する所以であるかどうか、疑わしくなる」と。

またイギリス人の詩人・ジャーナリスト、エドウィン・アーノルドは、日本の街の様子について、「これ以上幸せそうな人びとはどこを探しても見つからない。喋り笑いながら彼らは行く。人夫は担いだ荷のバランスをとりながら、鼻歌をうたいつつ進む。遠くでも近くでも、『おはよう』『おはようございます』とか、『さよなら、さよなら』というきれいな挨拶が空気をみたす」と述べている。

もう一つ加えると、工部大学校の教師をつとめたイギリス人ディクソンは次のように言う。「ひとつの事実がたちどころに明白になる。つまり上機嫌な様子がゆきわたっているのだ。……西洋の都会の群衆によく見かける心労にひしがれた顔つきなど全く見られない。頭をまるめた老婆からきゃっきゃっと笑っている赤児にいたるまで、彼ら群衆はにこやかに満ち足りている」。

これらはほんの二、三の例に過ぎず、こうした観察は枚挙に暇がない（渡辺〔２００５〕参照）。

江戸時代末期ないし明治初めの日本についての以上のような外国人の言明を聞いて、あたかもそれらが、現在の日本人（あるいは外国人）がブータンについて語る内容とよく似ている、と感じる人は少なくないだろう。そして、「当時の日本人についての外国人の言明も、現在のブータンを過度に美化するような見方も、いずれも外部からの表層的な観察に過ぎず、実質的なものではない」という把握もありうるだろう。

ただひるがえって思うに、私自身がずっと感じてきたことだが、特に海外から帰国したりした時に、東京での地下鉄の車内などで、ともかく人々の表情が暗く、疲れているように見え、また他者に対して無関心ないし〝閉じている〟という印象をもってしまうことは否めない。

ちょうど上記のディクソンの「西洋の都会の群衆によく見かける心労にひしがれた顔つき」という言葉が思い浮かぶが、当時から百数十年をへて、ちょうど状況が逆になっているのである。こうしたことからすれば、現在の日本を訪れる外国人が、「日本人は世界でもっとも幸福な人々に見える」と記すことはあまりないのではないか。

私は江戸時代の日本が理想的な社会であったとか、江戸時代に日本が戻るのがよいと考えているわけでは全くない。また、これまで様々な形でなされてきた〝江戸時代暗黒論〟と〝江戸時代理想論〟をめぐる議論をここで行うつもりはない。しかし以上のように考えていくと、江戸末期や明治初期における外国人の観察は、日本社会が何を失ってきたかに思いを馳せたり、幸福や豊かさの意味について考えたりする際の手がかりにはなるように思われる。

現在の状況とは〝逆〟の観察

おそらく当時の日本においては、少なくとも現在よりもはるかに大きな「時間的・空間的（プラス精神的）なゆとり」が社会にあったことは確かであり、そうしたことが地域における様々な人と人とのコミュニティ的なつながりを可能にしていたのではないだろうか。

関連して付け加えると、当時のヨーロッパからの来訪者が口をそろえて言っていることとして、ヨーロッパ（やアメリカ）の人々に比べて日本人がいかに「のんびり」しており、また仕事も最小限のことしかしようとしないという点がある。

たとえばある外国人は「日本人の悠長さといったら呆れるくらいだ」と述べ、また『日本周遊記』という当時広く読まれた本を公刊したスイス領事のルドルフ・リンダウは、「仕事に対する愛情は日本人にあっては、誰にでも見られる美徳ではない。彼らのうちの多くは、いまだ東洋に住んだことのないヨーロッパ人には考えもつかないほど不精者である」と述べている（渡辺前掲書）。

こうした観察は次のような意味で非常に興味深い。

すなわち私たちは現在、ヨーロッパを訪れたときの一般的な印象として、「あくせくした」日本に比べてすべてがのんびりしており、そこでは〝ゆっくりと時間が流れている〟ことを感じる。また、「日本人はもともと仕事好きで、労働に対する価値観がそもそもヨーロッパの人たちとは違う」などといった言い方をする人も少なくない（私の印象では団塊の世代か多少それより上の世代の人などに多い）。

しかし江戸末期や明治の初め頃には、ちょうどそれと〝逆〟のことが、日本とヨーロッパについて対比的に言われていたのである。

ではその変化を生んだ要因は何だったのだろうか。

私はこれも先ほどの人口増加のトレンドの図と深く関係していると思う。江戸末期や明治初めの日本社会あるいは日本人は、まだあの人口増加あるいは富国強兵・経済成長といった〝拡大・成長の急な坂道〟を登っていく、その手前にいた。しかしその後、百数十年にわたり、そうした上昇の坂道を登り続けることが〝習い性〟となり、「いつも忙しく動き回っていること」や「仕事中毒であること」が〝日本人の属性〟であるかのような「通念」や「神話」が形成されていったのである。

拡大・成長と定常化のサイクル

さらに大きな視野で議論を進めていこう。

「はじめに」でもふれたように、日本は2005年から既に人口減少社会に入っている。ちなみに江戸時代後半の人口はほぼ3000～3300万人で安定しており、江戸時代は明らかにひとつの「定常型社会」であった。ただし、それは〝農業を基盤とする〟定常型社会であり、その限りでは現在のブータンと類似した面があり、そしてまたそこで一定の豊かさや幸福が実現していたのである。

このように考えていくと、現在の日本にとってのもっとも本質的な課題は、一言で言えば〝産業化文明をへた後の定常型社会〟をいかにして実現できるか、という点にあると言ってよいだろう。

そして21世紀半ばに向けて、人口減少と人口高齢化における「フロントランナー」として世界の先頭を走ることになる日本としては、ある意味でそうした新たな定常型社会（＝ポスト産業化時代の定常型社会）の実現を先導し、発信していくことが、世界史的な使命であると言っても過言ではない。

ここで、本書全体のベースにある関心を示す意味で話題をさらに大きく広げれば、人間の歴史を「拡大・成長」と「定常化」という視点でながめ返すと、そこに3つの大きなサイクルを見出すことができる。①人類誕生（約20万年前）から狩猟・採集時代、②約1万年前の農耕の成立以降、③約200～300年前以降の産業化（工業化）時代の3つで、これは人口の増加と定常化のサイクルとも重なる。

そして、いささか議論を急いで私自身の仮説を記すならば、それぞれの段階の〝前半期〟が「物質的生産の量的拡大」の時代だったとすれば、それぞれの〝後半期〟は「内的・文化的な発展」と呼べるものが前面に出る時代だったと言えるものと思われる。

すなわち、狩猟・採集段階においては、およそ5万年前に「心のビッグバン」ないし「文化のビッグバン」と呼ばれる現象が起こり、装飾品、絵画や彫刻などの芸術作品のようなものが一気に現れるようになる。生産の量的拡大から文化的な発展への移行といってよい変化である。

また農耕段階においては、今から約2500年前（紀元前5世紀前後）に、哲学者ヤスパースが「枢軸時代」、科学史家の伊東俊太郎が「精神革命」と呼んだ現象、つまり何らかの普遍的な原理を志向する思想が地球上の各地で〝同時多発的〟に生成するという現象が起こる。インドでの仏教、中国での儒教や老荘思想、ギリシャ哲学、中東での旧約思想だが、これらは共通して、人間にとっての内的あるいは根源的な価値や「幸福」の意味を説いた点に特徴がある。

これは、物質的なものを超えた「幸福」への関心という点を含めて、私たちが生きる現在、つまり産業化社会における拡大から定常への移行期と構造的によく似ている。

さらに興味深いことに、最近の環境史などの研究から、当時つまり紀元前5世紀前後のギリシャや中国などにおいて森林破壊などの問題が深刻化していたことが明らかになってきている。先ほどの狩猟採集社会における「心のビッグバン」期も含めて、そこで起こったのは「物質的生産の量的拡大から、内的・文化的発展へ」という転換だったのではないだろうか。

いずれにしても、以上から示唆されるように、現在の私たちが直面しているのは人類史の中でのいわば〝第三の定常期〟への移行という大きな構造変化である（以上につき**図1**及び**図2**参照。なお**図2**は、アメリカの経済学者デロングがここ数十万年のＧＤＰの推移を推計したもの）。

そして歴史が示しているように、定常期とは文化的創造の時代に他ならない。

加えて、成長・拡大の時代には世界が一つの方向に向かう中で「時間」軸が優位となる――たとえば〝東京は進んでいる、田舎は遅れている〟〝アメリカは進んでいる、アジアは遅れている〟といった具合に。

しかし私たちが迎えつつある定常化の時代においては、そうした一元的な時間軸の尺度が背景に退き、むしろ「空間」や「地理」が前面に出るようになり、各地域の風土的・歴史的な多様性や固有の価値が再発見されていくだろう。成長・拡大期が〝地域からの離陸〟の時代だったとすれば、

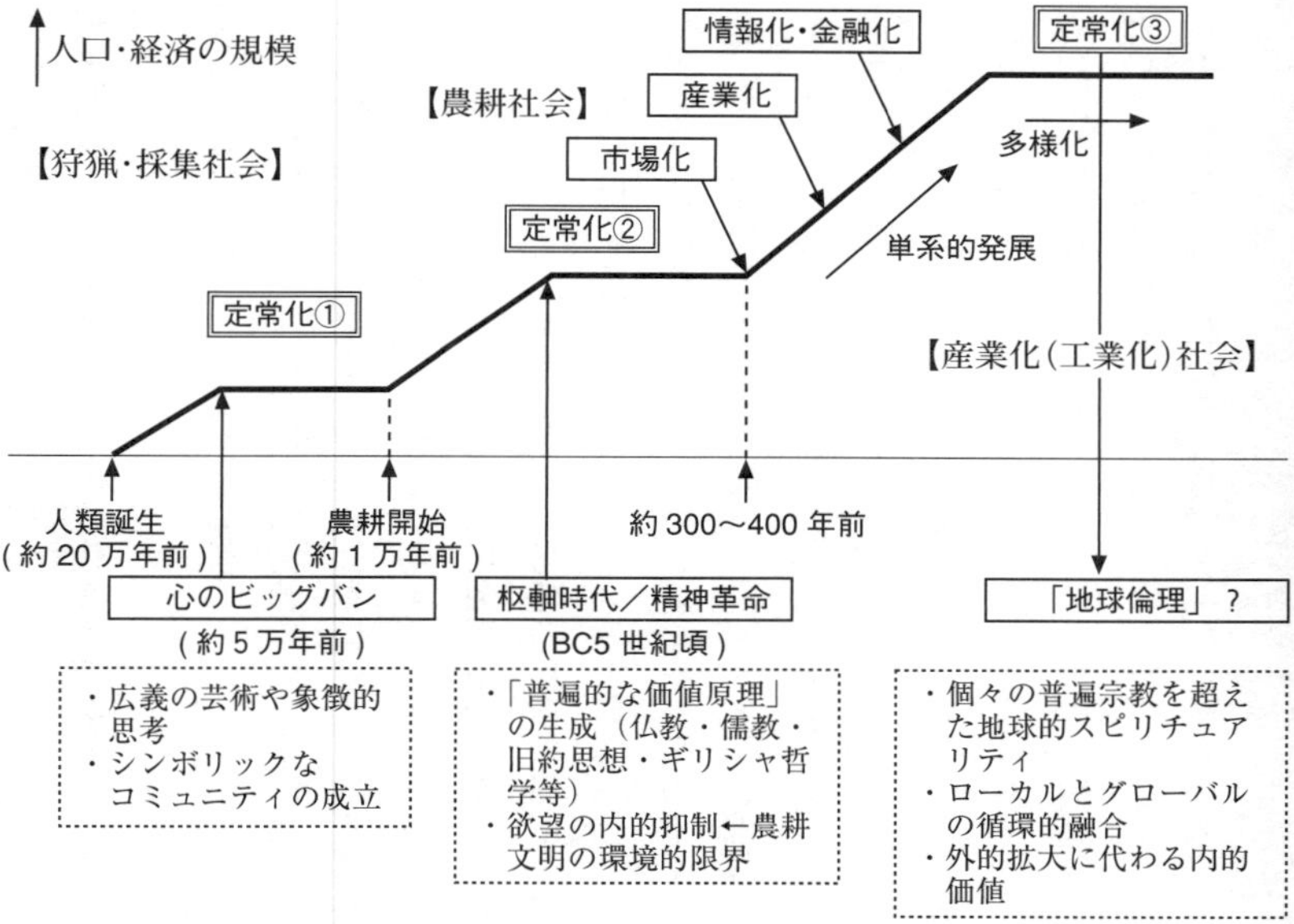

図1　人類史の中の定常型社会

（注）「地球倫理」については第Ⅱ部の「地球倫理の可能性」参照。

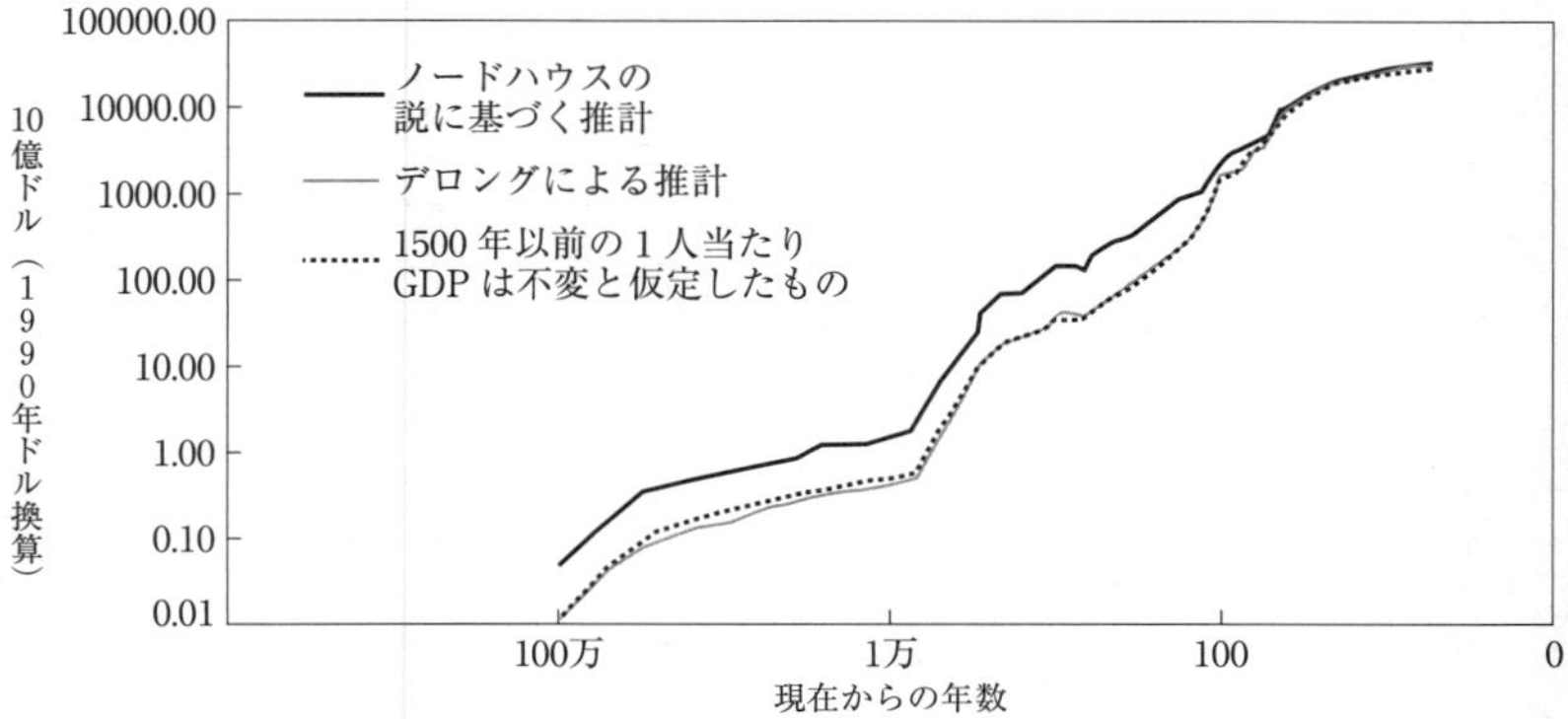

図2　超長期の世界ＧＤＰ（実質）の推移

（出所）DeLong（1998）

定常期は〝地域への着陸〟の時代なのである。

「なつかしい未来」としての田園都市

本節の前半で、江戸末期や明治初めの日本に関する外国人の観察について述べた。最後にもう一つ似たような例を記すと、それは20世紀における世界の都市計画に大きな影響を与えた〝田園都市（ガーデン・シティ）〟の考えに関することである（三浦〔２０１１〕参照）。

意外なことに、20世紀初めに田園都市のビジョンを唱えたイギリスのハワードやレイモンド・アンウィンといった人々は、実は当時の日本の都市・地域のありようを実現すべき理想像のひとつとして思い描いていた。

アンウィンは日本について「春になると桜の木々の下に人々がくり出して賑やかに過ごす」と記し、それが他ならぬ〝田園都市〟のイメージと重ねられたのである。アンウィンのこの後の文章は「もしも私たちに同様のことができるとするならば……」という趣旨で展開されていく（Unwin〔1909〕）。

これは決してノスタルジーではない。日本は人口減少社会に移行したが、これからの50年は、高度成長期に起こったこととちょうど〝逆〟の現象が生じていくだろう。たとえば１９７０年代に郊外の田んぼが住宅地に変わっていったのが、今後空き地・空き家や緑地・農地等に再び戻っていくといったように。

そうした中で、私たちは自ずと「なつかしい未来」に回帰できるか否かの分水嶺に様々な形で向かい合っていくことになる。かつて日本とともにイメージされた〝田園都市〟もまた、私たちの対応次第で、そうした「なつかしい未来」として再び実現されていく可能性をもっている。

　定常型社会における豊かさや幸福の手がかりは、遠い彼方にあるというよりは、私たちに身近なローカルな場所や古くからの風景、あるいはそれらへの愛着といったものの中に含まれているのではないか。「成長」の旅の果てにたどり着いた場所で発見したものは、いわばもといた場所の大切さであり、あるいはもといた場所そのものであり、私たちはそこへと回帰しつつもう一度出発していくことになるのである。

2　コミュニティ経済の生成と展開

若い世代のローカル志向

身近な話から始めよう。ふだん接しているゼミの学生たちや若い世代を見ていて、かなり以前からその「社会貢献」やソーシャル・ビジネス的なものへの志向の強さを印象深く思っていたが、ここ数年、さらに「ローカルなもの」や地域への関心が一層強まり浸透してきているように感じている。

たとえば一昨年大学を卒業して東京の某大企業で働いていた男子の元ゼミ生から先日連絡があり、自分はやはり地元の活性化に関わっていきたいので、いまの会社をやめて郷里（岐阜の高山）の地場産業の企業で働くことにしたという。彼は人間的な面も含めてもっとも優秀な層に入る学生で、学科を首席で卒業していたはずだ。

前後して、大学を終えた後イギリスの大学院に行き、帰国後は東京の会社で2年ほど働いていた女子の卒業生が、やはりそこをやめて故郷の島根に戻って働くことになり、東京を発つ前に久しぶりに話す機会をもった。

これらはほんの例示に過ぎず、似たような話は枚挙に暇がない。深い問題意識をもっていたり、あるいはもともとは海外やグローバルな話題に関心をもっていた若者の相当部分が、地域再生やコミュニティに関することに大きな関心を向けるようになっている。

こうした若い世代の志向について、最近の若者は〝内向き〟になったとか、〝外〟に出ていく覇気がないといった批判がなされることがよくあるが、これほど的外れな意見はないと私は思う。貿易立国の名のもと、「アメリカ－日本－アジア」「中央－地方」といった序列や枠組みの下での み物事を考えてきた結果が、現在の地域の疲弊や空洞化、あるいはコミュニティの崩壊ではなかったか。以上のような若者の志向は、むしろ〝日本を救っていく〟動きと見るべきであり、それに対する政策的な支援策こそが求められている。

最近の若い世代の志向について述べたが、ではこうした現象は、これからの日本や世界、あるいは資本主義の行方を考えるにあたりどのような意味をもっているのだろうか。

アメリカの都市経済学者リチャード・フロリダは、著書『クリエイティブ資本論』の中で、これからの資本主義を牽引していくのは「クリエイティブ産業」と呼ぶべき分野（科学、文化、デザイン、教育など）であるという議論を行っているが、同時に、それは次のような特徴をもつと述べている。

それは第一に「非貨幣的」な価値、つまり〝お金に換算できない〟ような価値が労働における大きな動機づけになっていくという点であり、第二に「場所」やコミュニティというものが、（グローバル資本主義は場所の制約を超えてボーダーレスに飛翔していくという通常の理解とは異なって）重要な意味をもつようになるという点である（フロリダ〔２００８〕）。

フロリダの議論は、①富の「分配」の問題が背景に退いていること、②「成長主義」的であることにおいて〝アメリカ的〟な限界をもっているが、逆にそれはある種の資本主義の「反転」論として読むこともできる。つまり上記の「非貨幣的な価値」も「コミュニティ、場所」も、本来の資本主義が内包しない、あるいは根本において矛盾するような価値や概念のはずであり、しかし資本主義が進化していったその展開の先において、その〝内部〟から生成してこざるをえない、新たなベクトルであるという点である。

コミュニティと経済

ところで一体、そもそも「経済」とは何だろうか。現在の私たちは、たとえば「市場経済」と「コミュニティ」というものは異質な存在であると考えている。ちなみに経済思想家のカール・ポランニーは、人間の経済行為には「交換」「互酬性」「再分配」という3つの種類ないし機能があるとし、それぞれ「市場」「コミュニティ（共同体）」「政府」が役割を担うとした。

この点を踏まえた上で、さらに考えてみると、実はもともと「経済」という営みの中には、ある種の互酬性あるいは「相互扶助」的な要素が含まれていたのではないだろうか。それは農漁村や商店街などのイメージを考えれば比較的わかりやすいし、あるいは、よく知られた近江商人の家訓と言われる「三方よし（売り手よし、買い手よし、世間よし）」といった概念も、経済活動の中にひそむ互酬性ないし相互扶助の性格をうたったものと言えるだろう。

さらに、明治から大正期に500以上の企業の設立に関わり〝日本資本主義の父〟とも呼ばれる渋沢栄一は、現在の言葉で言えば〝社会的企業あるいはソーシャル・ビジネスの先駆者〟とも言えるような理念をもっていたが、彼は著書『論語と算盤』の中で、経済と倫理の統合を強調していた。渋沢はたとえば「正しい道理の富でなければ、その富は完全に永続することができぬ。ここにおいて論語と算盤という懸け離れたものを一致せしめることが、今日の緊要の務めと自分は考えているのである」と述べている（２００８〔原著１９２７〕）。

表現は時代の負荷を帯びているものの、内容は現代風にいえば〝持続可能性という舞台において経済と倫理が融合する〟といった論理である。

このように、一方で資本主義以前の伝統的商人の経済倫理や、資本主義の草創期の代表人物の上記のような「経済」観を視野に入れ、他方で先ほどのフロリダのような議論を対置すると、「経済」と「コミュニティ」（ないし互酬性、相互扶助）が結びつくようになるのは、ある種の〝先祖返り〟なのかもしれないという発想がわいてくる。

いわば「なつかしい未来」としてのコミュニティ資本主義、あるいは資本主義を超えるコミュニティ経済。

経済システムと組織形態

ここでこうした話題を大きな視野において展望するために、**図1**をご覧いただきたい。

これは16・17世紀前後の時期から現在に至る市場経済あるいは資本主義の進化を、そこでの主要な「組織」の形態とともに概観したものだ。

まず、市場経済（あるいは商業資本主義とも呼ぶべき姿）が大きく展開する中で、東インド会社に象徴されるように、株式会社という組織が生まれる。ただし、この段階ではそれは様々な経済の組織形態の一つに過ぎず、実際、産業化ないし工業化が進んでいった19世紀においては、イギリスなどをはじめとして、株式会社、協同組合等々といった様々な組織形態が模索され競合状態にあった。

しかしながら20世紀の中盤頃から、金融市場がさらに大きく発展する中で、株式会社という形態がもっとも有効な組織形態として確立し、〝株式会社の時代〟が現出していく。株式会社論の古典であるバーリ、ミーンズの『近代株式会社と私有財産』が出たのが１９３２年であり、これは、世界恐慌（１９２９年）の直後だった。

当時のマルクス主義陣営は、世界恐慌のような現象を、資本主義が生産過剰に陥った帰結とし、次なる社会システムとしての社会主義の到来を提起した。一方、ある意味でそこに〝資本主義の救世主〟として登場したのがケインズで、ケインズは（自由放任的な市場経済を退けつつ）政府が様々な公共事業や所得再分配を行い、新たな需要を喚起していけば、それを駆動因として経済はなお成長を続けることができると考えた。

それが先ほど述べた金融市場の拡大＝株式会社の時代とも重なり、情報化・金融化の進展とともに資本主義経済が空前の成長を遂げたのが20世紀後半だったわけだが、リーマンショックをへて、ヨーロッパやアメリカでの経済不安や、若者を始めとする慢性的な高失業率とともに、構造的な隘《あい》路《ろ》に陥っているのが現在の資本主義である。

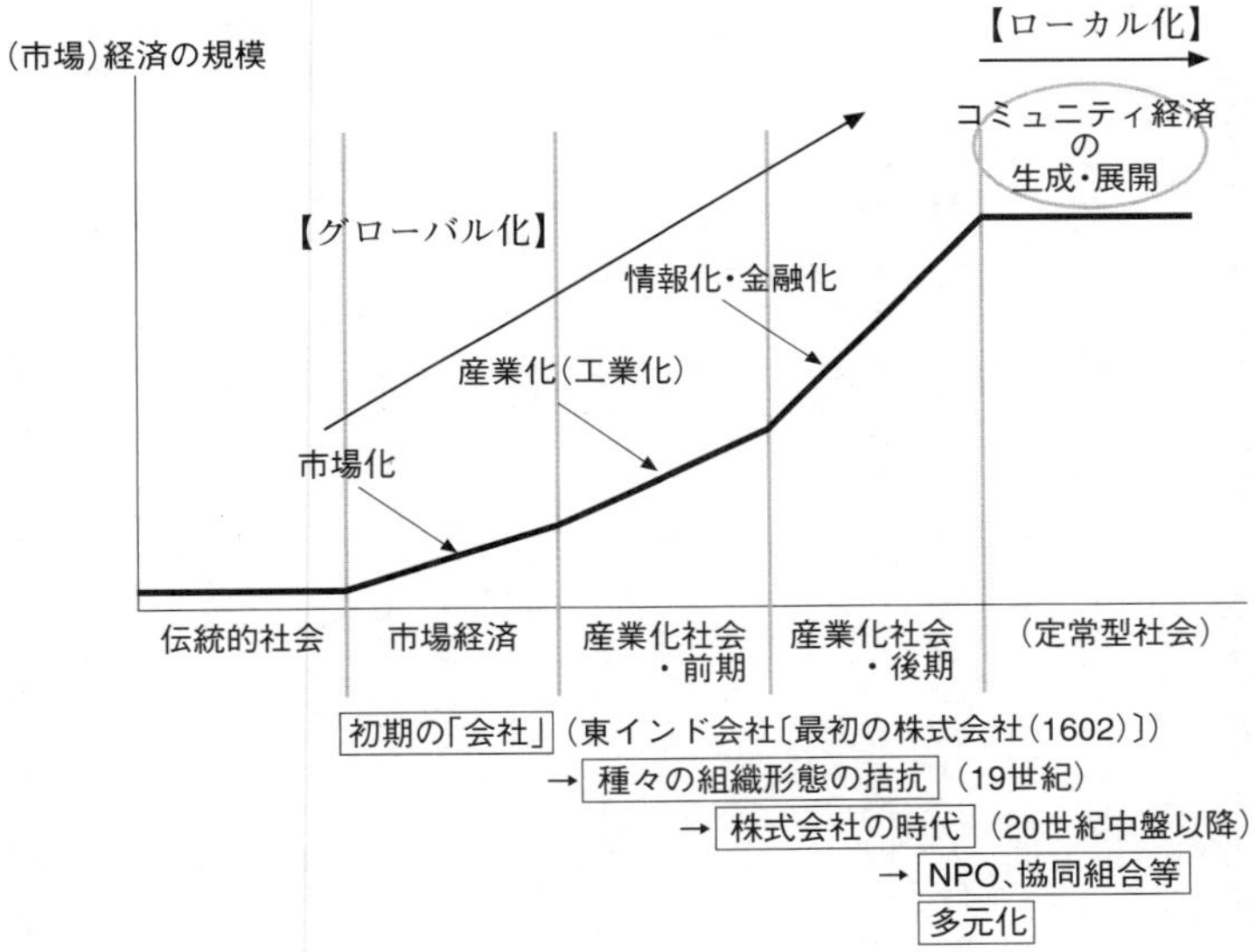

図1　経済システムの進化と組織形態——コミュニティからの離陸と着陸

図1にも示しているように、私はこれを、モノがこれだけあふれる状況の中で人々の需要が飽和し、「成長・拡大」を至上目的とする資本主義が根本的な臨界点に至っている状況としてとらえてきた。つまり従来型の市場経済が飽和する「定常型社会」ないし定常経済への移行ということだが、ここで大きく浮上するのが「コミュニティ経済」と呼ぶべき新しい質の経済であり、同時にそれは、先ほどから述べているような〝株式会社の時代〟に代わる、新たな「組織」の生成を要請することになる。

つまり新たな経済システムの時代には、それにふさわしい組織の形態が求められるのだ。最近様々な形で注目され、多様な分野で発展しているワーカーズコープ（働く者自らが出資し協同して事業を営む形態）などの協同組合はそうした象徴的な例と言えるだろうし、今後さらに多様な形態の組織が模索されていくことになるだろう。

コミュニティ経済の生成へ

振り返れば、成長・拡大の時代とは、本来はその基盤にコミュニティひいては自然を土台として持っているはずの市場経済が、コミュニティや自然から乖離し、際限なく〝離陸〟してきた時代であったと言え、それがすなわち資本主義というシステムであった（**図2**）。

そうした中で、先ほど近江商人の家訓や渋沢栄一にそくして見たような、市場経済とコミュニティとの関係は切断され、経済の中にあった互酬性や相互扶助の要素は失われていった。それをもう一度回復していくこと、つまり経済をもう一度コミュニティや自然とつないでいくことが、ここで論じている「コミュニティ経済」であり、それはこれからの時代の基本的な潮流になっていくだろう。

それは次のようなことも意味している。時折指摘されることだが、たとえば各企業が、生き残っていくためには価格競争に勝つ必要があり、人件費を少しでも抑えようとして賃金カットに励むとすると、それによる賃金低下は人々の購買力低下につながり、そのためますますモノが売れなくなり、つまり社会全体として見ると個々の企業の利潤追求が結果として〝互いに互いの首を絞め合う〟ことになってしまう。現在の日本は、既に半ば以上こうした状況に陥っている。

このように考えると、先ほどもふれた「三方よし」の家訓は、まさにこうした事態を避けるため

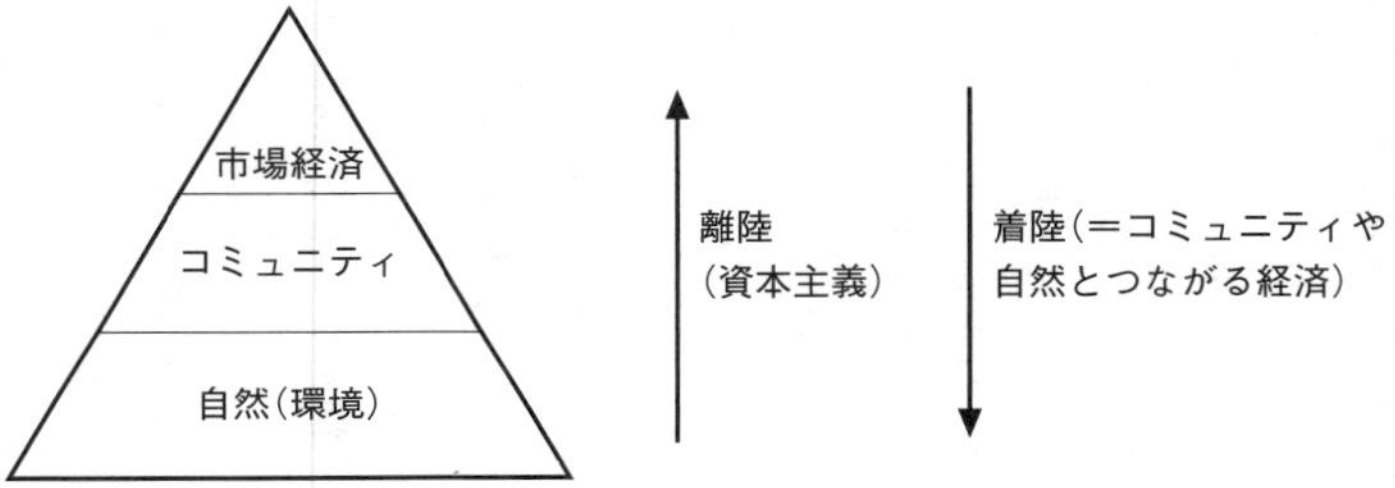

図２　コミュニティ経済をめぐる構造

の知恵――「コモンズの知恵」とも言うべきもの――、あるいは経済主体が〝守るべき共通のルール（ないし倫理）〟のようなものとして存在していたのではないか。

では、なぜある状況ないし時代においては、各企業ないし経済主体が単純に利潤の最大化を目指すことが社会全体にとってもプラスになり、別の状況においては、それが上記のように〝互いに首を絞め合う〟ことになってしまうのだろうか。

それは経済全体のパイ（実質的には人々の需要）が拡大を続けている状況か否かという点、つまり「成長経済か成熟（定常）経済か」という点が分水嶺になるだろう。すなわち経済が拡大を続ける時代においては、個人の私利の追求（利潤の極大化）がパイの拡大につながり、結果として各人皆が得をするという状況になるが――資本主義とは「〝私利の追求〟を最大限にうまく活用したシステム」だったとも言える――、そうでない場合は、従来と同じ行動を続ければそれは〝首を絞め合う〟結果となり悪循環に陥る。経済の成熟ないし定常期には、成長期とは異なる経済倫理が必要になってくるのである。

コミュニティ経済の特質

ここであらためてコミュニティ経済の中身について整理すると、その柱として次のような点が挙げられる。

①「経済の地域内循環」
②「生産のコミュニティ」と「生活のコミュニティ」の再融合
③経済が本来もっていた「コミュニティ」的（相互扶助的）性格の再評価
④有限性の中での「生産性」概念の再定義

①は冒頭にふれた若い世代のローカル志向とも関連するが、大きく言えば「ヒト・モノ・カネが地域内で循環するような経済」ということである。こうした経済を築いていくことが、地域活性化やコミュニティ再生とともに、グローバル経済の浮沈や不況に対しても強い（リジリエントな＝弾力性のある）経済になるという趣旨である。

この点については、『スモール・イズ・ビューティフル』で知られる経済学者シューマッハーの流れを引き継ぐイギリスのＮＥＦ（New Economics Foundation）が「地域内乗数効果 local multiplier effect」という興味深い概念を提唱している。これは、経済がほぼもっぱら国（ナショナル）レベルで考えられてきたケインズ政策的な発想への批判ないし反省を含んだ提案で、「地域再生または地域経済の活性化＝その地域において資金が多く循環していること」ととらえ、①「灌漑 irrigation

（資金が当該地域の隅々にまで循環することによる経済効果が発揮されること）」や②「漏れ口を塞ぐplugging the leaks（資金が外に出ていかず内部で循環することによってその機能が十分に発揮されること）」といった独自のコンセプトを導入して、地域内部で循環する経済のありようやその指標を提言しているものである（New Economics Foundation〔2002〕）。

日本での類似例としては、たとえば長野県飯田市の試みが挙げられ、同市では「若者が故郷に帰ってこられる産業づくり」という理念のもと、「経済自立度」70％ということを目標に掲げて政策展開を行っている。ここでいう「経済自立度」とは「地域に必要な所得を地域産業からの波及効果でどのくらい充足しているか」を見るもので、具体的には南信州地域の産業（製造業、農林業、観光業）からの波及所得総額を、地域全体の必要所得額（年一人当たり実収入額の全国平均×南信州地域の総人口）で割って算出している（08年推計値は52・5％、09年推計値は45・2％。『月間ガバナンス』２０１０年４月号）。

②は、〝職住近接〟の動きとも関連するが、次のような趣旨である。

そもそもコミュニティというものは、〝真空〟に存在するものではなく、人々の生産活動や日常生活の中に、ある意味でごく自然な形で存在するものだろう。たとえば農村を考えてみると、そこでのコミュニティは、その地域での農業という生産活動と不可分に結びついている。また、商店街というのはそこにおいて様々な人々の会話や交流が生まれる場であり一つのコミュニティ的な空間だが、それは買い物という、ごく日常的な経済活動と一体のものである。一方、「会社」という存在は、戦後の日本において高度成長期を通じ（よくも悪くも）〝最大・最強のコミュニティ〟であったわけだが、それはもちろん会社がひとつの生産ないし経済活動、あるいは労働という行為と結びついた存在だったからである。

現在、人々の間の孤立やコミュニティの希薄化・崩壊といったことが言われるわけだが、大きく見れば、以上のような広い意味での経済や生産活動と全く切り離されたところでコミュニティを自覚的に作っていくというのは、かなり難しい作業である。〝さあ皆さん、コミュニティを作りましょう〟と呼びかけても、なかなか人は簡単に集まるものではない。何らかの意味で、経済や生産・消費、雇用・労働といったものと結びついた形での活動や事業が、コミュニティ形成に自ずとつながっていく可能性が大きい。

したがってこれからの時代においては、コミュニティをできる限り（広い意味での）経済活動と結びつけつつ生活の中に組み込んでいくような対応や政策が重要になるのではないか。「生産のコミュニティ」と「生活のコミュニティ」の再融合とは、そうした趣旨のものである。

思えば、もともと高度成長期以降の日本において両者が極端に乖離していった背景には、日本の場合、都市の中心部に（比較的安価な）集合住宅あるいは公的住宅が少なく、都市計画も弱いため、特に東京などの大都市において通勤距離が極端に長くなっていったという事情があった。その意味でこの話題は都市政策やまちづくり等に関わると同時に、近年の職住近接への志向など、人々のライフスタイルに関する意識にも関わるものである。

③は本節の初めで論じた点であり、④は「生産性」という概念を再定義し、特に「労働生産性から環境効率性へ」という方向、つまり人は積極的に使い、一方で自然資源の使用を抑制するような

経済にシフトしていくという内容である。

これは先ほどふれた〝企業が人件費カットやリストラに励むことで自ら首を絞めることになる〟という話と関連している。つまり現在の経済は従来のように〝人手不足、自然資源余り〟ではなく、全く逆に〝人手余り（＝慢性的失業）、自然資源不足〟という事態にある。こうした状況では、「人が人（または自然）をケアする」ような労働集約的な領域の発展こそが、経済の観点から見ても重要となる。

このようにコミュニティ経済とは、実は「ケア経済」とも言い換えられるものなのである（この生産性の再定義をめぐる論点に関しては、次節でさらに考えてみたい）。

コミュニティ経済の例と政策支援

以上コミュニティ経済の特質を4点にわたって述べてきたが、そうしたコミュニティ経済の具体的なイメージとしては、次のようなものが挙げられるだろう。

①〝福祉商店街〟……歩いて楽しめる商店街を、高齢者向けケア付き住宅や子育て世代・若者向け公的住宅等とも結びつけつつ、世代間交流やコミュニティの拠点に。「買い物難民」減少や、若者の雇用などにも意義。

②農業と結びついたコミュニティ経済……環境や健康・福祉とも複合化し（「自然との関わりを通じたケア」）、また都市と農村をつなぐ拠点にも。

③自然エネルギーとコミュニティ経済……後で述べる「鎮守の森・自然エネルギーコミュニティ

構想」とも関連。
④団地関連のコミュニティ経済……商店街など周辺地域と融合し、世代間交流や「生産のコミュニティ」と「生活のコミュニティ」の再融合にも。
⑤〝職人〟的仕事とコミュニティ経済……若い世代も関心大で、「クリエイティブ産業」としても重要。
⑥高齢者関連のコミュニティ経済……高齢者の中間的雇用の場として。

そしてこうしたコミュニティ経済を発展させていくためには、先述の協同組合やNPO、企業など様々な主体の自発的な活動が基本になるのは言うまでもないが、同時に様々な政策的支援ないし公共政策が重要になる。

なぜかというと、コミュニティや自然に関する経済活動は、先ほどの**図2**からも示されるように、コミュニティや自然という、市場経済に対して「長期」にわたる時間軸に関わるものであり、したがって短期の効用（あるいはその極大化）のみを追求する市場経済の物差しでは、その価値が十分に評価されないからである（これを一種の「不等価交換」と私は考えている。広井〔2011〕参照）。介護・福祉や農業などはそうした代表例である。

したがって、様々な形態や分野のコミュニティ経済への公的支援や再分配が幅広く議論され展開されていく必要がある。最近の例では、自然エネルギーの固定価格買取制度は、自然に関する価格評価が市場に委ねると低くなってしまうのを是正するシステムとして理解することができ、それは自然エネルギー関係のコミュニティ経済の発展に寄与するだろう。

若い世代のローカル志向の話から始め、資本主義の進化といった大きな視野を含めて「コミュニティ経済」という新たなビジョンについて考えてきた。それは成長経済から成熟・定常経済への移行と関わり、なお生成途上のものであるが、それをいかに発展させていけるかが、これからの日本社会における中心的な課題と考えて間違いないだろう。

3　ローカル化が日本を救う

企業の関心の変化

ある大手電機メーカーの首都圏にある研究所で、主に技術系の方１００人くらいを相手にお話をする機会があった。

テーマは「コミュニティという複雑系」。やや風変わりなタイトルだが、話の内容の柱は第一にコミュニティ、そして第二に人口減少社会あるいは従来の成長・拡大モデルを前提としない「定常型社会」に関するものだった。このうちコミュニティに関しては、最近多くの企業が取り組むようになっているスマート・シティまたはスマート・コミュニティ（環境負荷やエネルギー消費を抑えた都市づくり）に関する内容も話題のひとつだった。

この例に限らず、最近、企業の方と「コミュニティ」とか「人口減少社会ないし定常型社会」といった話題について話をすることが多くなり、時代の変化を感じている。少し前であれば、一般の企業が「コミュニティ」などというテーマに関心を向けるということはほとんどなかったし、ましてや「定常型社会」などというと――私が『定常型社会』という本を出したのは今から10年以上前の２００１年だったが――、〝拡大・成長のない経済や企業などありえない〟という反応が圧倒的に強かった。

しかし現在は、「モノを作れば売れる」という時代では全くなくなり、また人口減少も２００５年から既定の事実となり、少なくとも従来型の発想や経営パターンではやっていけないということが明らかな時代になっている。そして私の印象では、（金融機関やシンクタンク、メディアなどよりも）消費者に近い分野にいる企業のほうが、規模の大小を問わずこのことを間近で実感しており、「新成長戦略」といったことが実質を伴わない形で掛け声だけ先行して唱えられていることに対し、冷めた受け止め方をしているように思える。

電機メーカーに関して言えば、ソニー、パナソニック、ＮＥＣ、シャープ等々といった企業の苦境やリストラについては既に多くの報道がなされている。私が話をした企業も、現在売り上げの約半分は海外向けであることや、海外の工場を一層増やしていることと並んで、狭い意味のモノづくりだけでなく、サービスやソリューションの提供などソフト面の比重を高めているとのことだった。

もちろんそれには様々な困難も伴うだろうが、そうした方向は妥当なものと思うし、また、そうであるがゆえに上記のような「コミュニティ」や人口減少社会ないし定常型社会といった、従来の発想では少々〝扱いにくい〟テーマも関心の射程に入ってくることになるのである。

グローバル化vs.ローカル化

さて、こうした企業や経済を含む日本社会の今後の方向を考えていくにあたり、一つの大きな対立軸になるのが「グローバル化かローカル化か」という軸であることは言うまでもない。大きく言うと、前者は〝グローバル化の展開に対応すべく、海外との交易・進出や国際競争力を重視した方向を目ざす〟という方向であり、逆に後者は〝（いわゆる地産地消など）ヒト・モノ・カネができる限り地域の中で循環するような方向を目ざす〟という方向である。

実はこの点については、２０１０年７月に全国の自治体を対象に「地域再生・活性化に関するアンケート調査」と題する調査を行った際（市町村については全国市町村の半数および政令指定都市等９８６団体に送付し返信数５９７（回収率60・５％））、その中でこの話題に関する設問を設けた。もちろんこの論点（グローバル化かローカル化か）は単純な〝二者択一〟のものではないので、予想どおり「いずれともいえない」が多数を占めていたのだが、それを除くとかなりの地域差があった。すなわち明らかな傾向として、大都市圏になるとグローバル化への対応ないし通商・対外的競争力の重視が多いが、中小規模の市町村では「ローカルなまとまりを重視し、経済や人ができる限り地域の中で循環するような方向を目ざす」が多数を占め、この傾向は人口５万人規模以下の自治体になると顕著だった（詳しくは広井（２０１１）参照）。

ある意味で概ね予想どおりの結果とも言えるのだが、思ったよりも「ローカル化」重視の自治体が多かったのが印象的だった。また私自身はこれまでも、これからの時代はいわば「グローバル化の先のローカル化」と呼ぶべき事態が進展していき、ローカルなレベルから出発してできる限りそこでヒト・モト・カネが循環するような社会をつくり、そこからナショナル、リージョナル、グローバルと積み上げていくという方向や政策が重要と考えてきた。

そうした点をここではさらに考えてみたいのだが、その場合、一つの切り口となるのは次のような視点である。

先ほど電機メーカーの例を挙げたが、おそらく製品の純粋な価格競争において、日本のメーカーが中国や新興国、あるいは途上国に太刀打ちできるということはまずないだろう。その実質は賃金に関する競争であり、新興国の低賃金に対抗すべく国内での賃金カットを続けても到底勝てないだろうし、またそうした賃金カットを続けると、それは（人々の「所得」の低下を意味するから）国内の購買力低下につながり、一層モノが売れなくなって結果的に〝自ら首をしめる〟悪循環につながる。

これを技術という点から見ると、端的に言えば「標準化できるような技術」は、まさに標準化できるがゆえにマニュアル化し、やがて途上国に移転していくのである。

したがって、このような形でグローバル化への対応を図ることは経済合理性から考えても妥当でない。

ではどうすればよいのか。

〝貿易立国〟神話からの脱却——付加価値戦略とローカル化戦略

ありうる戦略は、以下の二つのいずれかだろう。

①付加価値戦略……低価格つまり〝安い〟ということではない点で競争力をもつような製品やサービスを開発すること

②ローカル化戦略……むしろ地域（ないし国内）において循環するような製品やサービスを重視

していくこと（あるいはそうした制度的仕組みをつくっていくこと）

もちろん①と②は複層的であり、たとえば地域固有の伝統技術などをブランド化していくことが国際競争力につながるといったケースは当然ありうる。逆に、農業生産物ないし生鮮品などは、際立った特徴や対外競争力がなくとも、〝その地で生産されている〟こと自体が強みとなって少なくとも当該地域では十分に消費されるということがありうる。

さて、ここで注意してみたいのは、②のローカル化戦略は実は「サービス化戦略」という要素を含んでいるという点だ。

すなわちサービス、とりわけ対人サービスは、もともとモノのように場所や国境を越えて自由に移動するものではないので、本来的に「ローカル」であり、「地域で循環する」という性格をもっている。

単純な例では、たとえば美容室のようなサービスやカフェなどを考えればよい。またやや余談めくが、名古屋発で最近首都圏にも〝進出〟しているコメダ珈琲店——私は先日名古屋でその第1号店を訪れる機会があった——などは「高齢者の居場所の提供」ないしコミュニティ空間づくりといった、現代において重要な意味や大きなニーズをもつ付加価値を、ローカル・サービスとして提供していると言えるだろう。

ちなみに、ドイツの環境関連のシンクタンクであるヴッパタール研究所が出した『地球が生き残るための条件』では、今後、経済のグローバル競争が強まるという論が一般的だが、しかしこれか

	2000年	2009年
日本	10.1	11.4
韓国	33.7	43.4
中国	23.1	24.5
タイ	56.4	57.5
インド	9.1	12.6
アメリカ	8.0	7.4
イギリス	19.5	16.3
スウェーデン	36.3	32.1
ドイツ	29.0	33.6
フランス	22.6	17.9
オランダ	57.6	54.3
イタリア	22.3	19.2
オーストラリア	17.0	15.6

表　主な国の輸出依存率（ＧＤＰに対する輸出額の割合〔％〕）
（出所）『世界統計白書』2012年版

らの時代はサービス（特に地域サービス）の比重が一層大きくなっていくのであり、〝修理、幼稚園、生産用具の賃貸などのサービスは輸入しようもない〟ため、グローバルな競争圧力は言われているほどには上昇しないと論じている（ヴッパタール研究所編〔2002〕）。これは日本の議論などで意外に見落とされている論点ではないだろうか。

加えて日本の場合、経済全体（ＧＤＰ）に占める輸出入の割合は10パーセント強で、他の多くの先進諸国やアジア諸国と比べた場合、実はもっとも「低い」部類に入るという点も、もっと注目されるべき事実関係である（ヨーロッパやアジアの多くの国々の貿易依存率は3～5割に及ぶ）。

これについては**表**をご覧いただきたい。日本と並んで意外にも輸出依存率が低いのがアメリカやインドであることが示されている。

もちろんヨーロッパ各国の輸出依存率が高いのは、ＥＵ全体がひとつの〝国〟のような面があるからでもある。

貿易依存率の高低やその評価については様々な見方がありうるが、少なくとも言えるのは、日本は国際比較で見ると「内需」によって支えられている割合の大きい国なのであり、高度成長期を中心に〝貿易立国〟、つまり日本は貿易や輸出によって成り立っている国という面が過度に強調されてきた面があるのだ（ちなみに日本の輸出依存率は１９６０年で８・８％、70年で９・２％、80年で11・９％であり、高度成長期に特に高かったわけでもない）。

電機メーカーとカフェの接点

さて、先ほどの電機メーカーの話と「コメダ」の話には一見相当な距離があるように見えるが、たとえば次のような例を考えると、あながち両者は無関係ではなく、〝人が人をケアするサービス〟という点において意外な接点をもつようにも見える。

それはたとえば、高齢者に一定の家電製品などを売る場合に、売った後のメンテナンスのサービスなども〝込み〟にし、モノとサービスをパッケージにしたような商品を作るといったパターンである。デジタル電化製品は使い方がわからなかったりするので、そうしたサービスには一定のニーズがあると思われるし――場合によってそれは高齢者にとって〝話し相手ができる〟という意味ももつかもしれない――、メーカー側も、そのようにサービスと一体にすることで自社の製品の（海外メーカーにはできない）固有の「付加価値」とすることが可能になる。さらに、モノに対して人間が提供するサービスが加わるので、それは全体として雇用を増やす可能性をもっている。

以上は空理空論のように聞こえるかもしれないが、そうではない。一部の電機メーカーは既に類似のことを始めているようだし、先日、次のようなおもしろい経験があった。私の自家用車は既に12年以上の古さだが、最近スタート時の加速が急に悪くなったのでメーカー関連の販売店に持っていくと、ある部品を交換して簡単に直してくれた。そして担当者の方が言うには、新車を買ってもらうよりも、長く使ってもらって時々こうした修理や車検をしてもらうほうが商売としてもありがたいというのである。短いやりとりだったので、その人がどれだけの意味をこめて以上のことを言ったかは少し距離を置いて見る必要があるが、ここには先ほどの話につながるような、これからの時代のビジネスモデルに関するヒントが含まれているように思える（様々な〝修理業〟ないしリサイクル業がニッチのように成り立っていた江戸時代の話をも思い出させる）。

それは先ほども述べたように、モノにサービスを付帯させてビジネスにするという発想であり──環境政策の分野で「サービサイズ」という考え方（モノを売るビジネスをサービスを売るビジネスに転換していくこと）がある──、これはモノないし資源の節約になると同時に、サービスは「人」が提供するものなので、先述のように雇用にもつながるということである。

「生産性」の概念を変える──労働生産性・環境効率性・ケア充足性

ちなみにこうした方向は、前節のコミュニティ経済のところで言及した「労働生産性から環境効率性へ」という考え方とぴったり重なる。

これは「生産性」の概念を根本から変えていこうという議論で、かつての時代は（映画「三丁目の夕日」で描かれた高度成長期のように）〝人手不足、資源余り〟という状況だったから、労働生産性、つまり「できるだけ少ない人手で多くの生産を上げる」ということが重要だった。しかし現在は大きく状況が変わり、むしろ〝人手余り（＝慢性的な失業）、資源不足〟という事態になっている。こうした状況では、むしろ「人」はどんどん使い、逆に資源を節約するような経済のあり方が重要であり、それを表すのが「環境効率性（あるいは資源生産性）」という言葉ないしコンセプトである。ちなみにドイツが１９９９年に行ったエコロジー税制改革と呼ばれる政策は、こうした理念に基づく制度改革だった（広井〔２００１ａ〕参照）。

こうした発想に立つと、福祉や教育などといった、従来は（人手ばかりかかって）もっとも生産性が低いとされてきた「労働集約的」な分野が、逆に〝生産性が高い〟ということになる。生産性のモノサシを変えるということであり、これはこうした特定分野に限らず、実は先ほどのメーカーやカフェなど、ほとんどあらゆる分野にあてはまるだろう。

さらに言えば、そこでポイントとなってくるのは、先ほどの製品のメンテナンスのサービスを高齢者に提供する例にも示されるように、人と人とのちょっとしたコミュニケーションや「ケア」であり、それ自体がポジティブな付加価値をもっている。そうした意味で、（「環境効率性」という言葉だと単に資源を節約するという消極的な意味にとどまるので）私はそれをさらに一歩進め、「ケア充足性」とも呼ぶべきコンセプトをこれからの時代の生産性の概念として考えていくべきものと考えている。

「なぜローカル経済か」をめぐる論理

ここまでの議論を振り返ると、今後の方向として「付加価値戦略」と「ローカル化戦略」という二つを挙げ、特に後者との関連で「サービス化」の話をしたわけだが、なぜこれからの時代は「ローカル経済」なのかについて、若干の整理をしてみよう。

そもそも「ローカル経済」が重要であるとする議論の類型として、次のようなものがあると思われる。

① 環境ないしエコロジー的な視点からのもの……食料やエネルギーの地域的自給
② 消費行動の変化に注目するもの
③ 生産構造ないし経済構造の変化に注目するもの

①は、エコロジー的な観点から、資源の生産や消費はできる限りその地域内で自給できるように行われるべきとする考え方である。以前からバイオリージョナリズム（生命地域主義）といった理念があるが、①のような考え方を指標化した一例として、日本でも時々言及される「エコロジカル・フットプリント」があり（カナダのブリティッシュ・コロンビア大学のウィリアム・リース教授とマティース・ワケナゲル研究員が開発した指標）、これは簡潔に言えば、ある地域において、そこで行われている消費をまかなうためにはどのくらいの土地が必要になるかを示すものだ。

この指標を使って、たとえば東京都のエコロジカル・フットプリント面積は都の総面積の２７６

倍と推計されたり、アメリカの一人あたりエコロジカル・フットプリントの規模を世界中のすべての人々が使うとすれば地球が５・１個分必要になる、等々といった計算がなされることになる（工藤秀明〔２００６〕参照）。日本では、経済評論家の内橋克人氏が以前から「ＦＥＣ自給圏」という考え方——食料（food）、エネルギー（energy）、ケア（care）はできる限りローカルな地域でまかなうようにする——を提唱しているが、これも①の理念の系譜に属するものと言えるだろう。

一方、②はむしろ経済的な側面、特に人々の「消費」ないし志向の方向に着目するもので、人々の消費の傾向ないし志向が「ローカル」なものに向かっているとするものである。たとえば、前節でもふれたアメリカの都市経済学者のリチャード・フロリダは著書『クリエイティブ資本論』の中で、これからの資本主義を牽引していくのは（文化、科学、デザイン、教育等の）「クリエイティブ産業」であるとしつつ、同時に人々の関心は、グローバル資本主義に関する通常の議論とは逆に、むしろ「場所」や「コミュニティ」といったローカルなものに向かっていくと論じる（フロリダ〔２００８〕）。また個別の話題では、今後「シェア」への志向（ルームシェア、カーシェアなど）が強まっていくといった議論も、ローカル化という方向と関連しているだろう。

高齢化と「地域密着人口」の増加

消費のローカル化という点に関しては、もう一つ重要な構造変化がある。先ほど高齢者に対するメンテナンスサービスに言及したが、高齢者は（カイシャから引退しているという点も含めて）基本的に「地域」との関連が強く、また身体の特性から考えても比較的身近な場所での消費を志向す

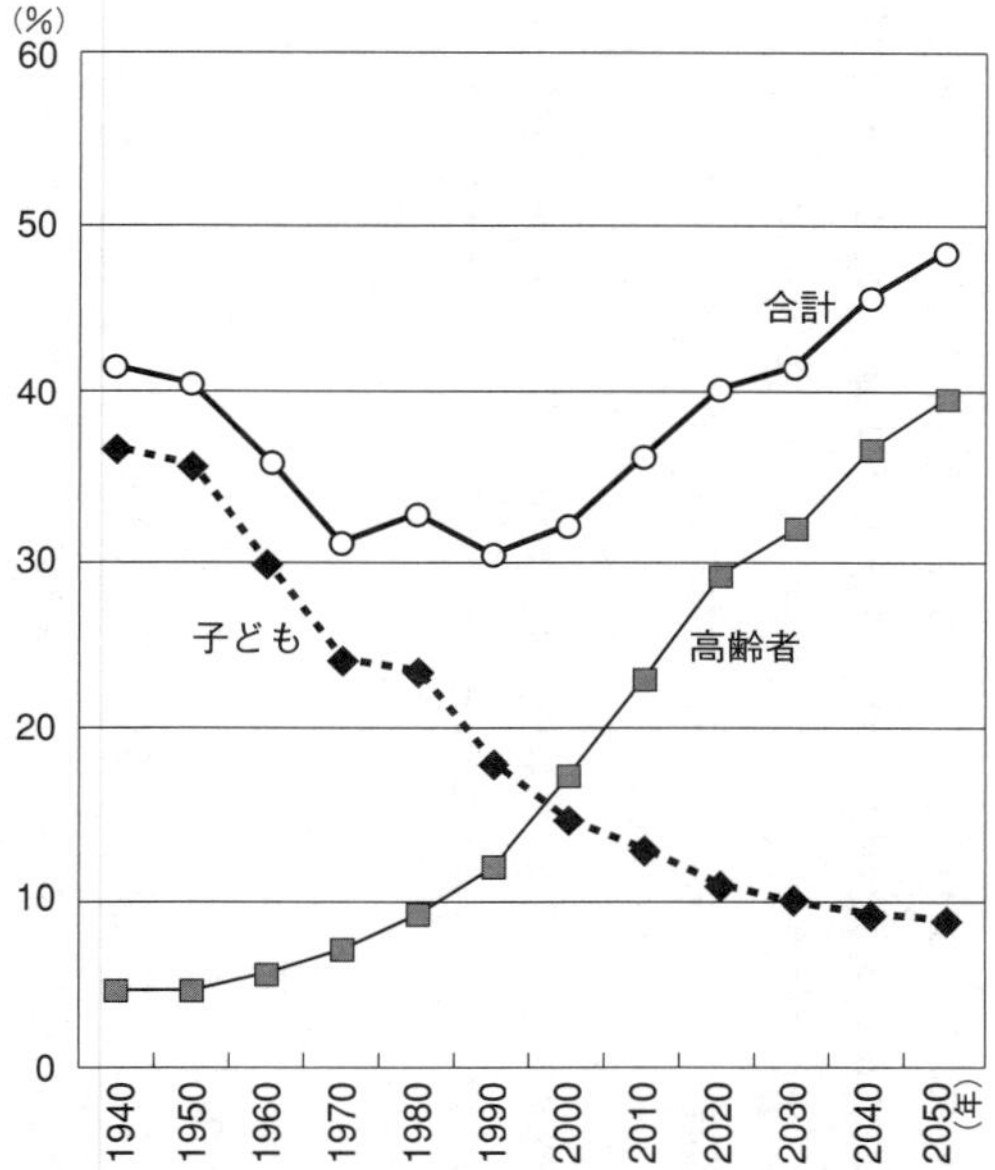

図　人口全体に占める「子ども・高齢者」の割合の推移（1940–2050年）

（注）子どもは15歳未満、高齢者は65歳以上。（出所）2000年までは国勢調査。2010年以降は「日本の将来推計人口」（平成18年12月推計）。

る。全国に600万人いると推計されている〝買い物難民〟の問題はこうした象徴的な例であり、逆に言えば、人口の高齢化が今後着実に進んでいくことは、自ずと消費あるいは経済の「ローカル化」を進めていく構造的な要因の一つになるのである。

これについては**図**をご覧いただきたい。これは、人口全体に占める「子どもプラス高齢者」の割合の変化を示したものだが、1940年から2050年という100年強の長期トレンドで見た場合、それがきれいな「U字カーブ」を描いていることが顕著である。すなわち、人口全体に占める「子どもプラス高齢者」の割合は、戦後の高度成長期を中心に一貫して低下を続け、それが世紀の変わり目である２０００年前後に「谷」を迎えるとともに増加に転じ、今後２０５０年に向けて今度は一貫して上昇を続ける、という大きなパターンが見て取れる。

なぜここで「子どもと高齢者」の合計に注目するのか。それは、人間のライフサイクルということを考えた場合、子どもの時期と高齢の時期は、いずれも〝土着性〟ないし地域との関わりが強いという点が特徴的だからである。いわば子どもと高齢者は〝地域密着人口〟と呼べる存在である。これに対して現役世代は「カイシャ」つまり職場との関わりが圧倒的に強く、地域との関わりは薄くなりがちである。

以上の点を併せて考えると、戦後から高度成長期をへて最近までの時代とは、〝「地域」との関わりが強い人々（地域密着人口）〟が減り続けた時代であった。しかし今後は逆にそうした人々が一貫して増加する時代になっていく。

つまり、少なくとも現役世代に比べて圧倒的に〝地域で過ごす時間〟が多く、自ずと地域の様々なことに関心が向く人々の群が着実かつ急速に増えていくのがこれからの時代である。

だとすれば、「地域」そして「ローカル経済」というものがこれからの時代に存在感を大きく増していくのは、半ば必然的な構造変化であるとも言えるだろう。

加えて、今後は現役世代についても〝職住近接〟的なパターンが徐々に広がり、また前節でも述べたように近年の若い世代は「ローカルなもの」への関心を強めており、これら高齢者以外の層においても、従来に比べ地域との関わりやつながりが着実に強まっていくものと考えられる。

論じるものだ。

産業構造の変容とローカル化

最後に③は、経済の中でもその「生産」面あるいは産業構造の側面に注目し、そのローカル化を論じるものだ。

もっとも単純には、市場化→工業化（産業化）→ポスト工業化という大きな流れの中で、工業化の時代には（典型的には鉄道や道路の敷設、工場の配置など）主としてナショナル・レベルでの経済活動が展開するが、ポスト工業化の時代には、たとえば余暇や自然、環境、コミュニティ、介護・医療、文化などに関する分野が大きく展開し（その多くの部分はサービス業に該当する）、これらはローカルな性格をもつものと考えられる。なお正確には「ポスト工業化」といっても、まず「情報化・金融化」という段階があり、これはもっともグローバルな形で展開するものだが、その先にこうしたローカル化の流れが展開していくと考えられるわけである。

やや角度を変えて言えば、本節の先の議論とつながるが、製造業のかなりの部分は価格競争ないし低賃金競争の中で途上国に移転していくので、むしろローカルな地域で循環するような産業あるいは経済構造をつくっていくほうが、グローバル化に対しても「強い」経済になるという考え方である（この場合の「強い」は、前節でも言及したが、最近様々な分野で使われるリジリエント〔弾力性のある、しなやかな〕という言葉に似た「強い」になるだろう）。

興味深いことに、エコノミストの野口悠紀雄氏が近著『製造業が日本を滅ぼす――貿易赤字時代を生き抜く経済学』の中で展開している議論も、これに通じる方向を含んでいる。野口氏が同書で論じている内容を簡潔にまとめると次のようになる。
（a）日本の製造業は、中国などを含む新興国との価格競争に勝てるはずがなく、むしろ「知恵の勝負」をしなければならない。
（b）したがって、円安を心地よく感じたり「輸出主導型経済成長」ないし「輸出立国モデル」に固執するのは不可能であり、妥当ではない。
（c）「製造業の海外移転は雇用が失われるので望ましくない」という意見があるが、製造業を日本に残したとしてもその雇用はもはや増えず減少する（なぜなら既に製造業の雇用は過剰になっているため）。
（d）したがって今後の成長モデルとして目ざすべきは、「脱工業化を実現し、生産性の高いサービス業を産業の中心に据えること」である。
（e）この点に関し、２０００年代に入って雇用が大きく増えたのは医療・福祉だが、これらは一部の職種を除いて給与が低い（生産性が低い）。その結果、マクロでの所得低下が生じており、こうした方向を是正し高生産性サービス業をつくっていくことが重要である。
以上のような骨子であり、『製造業が日本を滅ぼす』とはいささか過激な表現だが、指摘されていることは大方妥当と思われる（上記には入れていないが、ＴＰＰはアメリカを利するだけの内容で、貿易自由化と異なるブロック化であり、中国やアジアとの関係においてもマイナスで妥当ではないという議論も賛成できる）。

ただし、結論として出されている「日本国内において高度なサービス産業を発展させ、雇用を創出することが、今後の最も重要な課題だ」という主張は、これだけではあまりにも内容がないと言わざるをえないだろう。たしかに、なお〝製造業中心主義〟〝輸出立国主義〟のような経済界の一部ないし中枢部には重要な警告的メッセージになるだろうが、むしろ問題はその先にあるのであり、その中身を聞きたいというところで残念ながら本が終わっている。

また、福祉などサービス業の低賃金に関し、「介護従事者の賃金がなぜ低いかといえば、基本的に介護保険の枠内で決められているからだ」といった指摘もミスリーディングである。市場に委ねるとこれらはもっと低賃金になるだろう。ここでの主テーマではないが、前節でもふれたようにケアやコミュニティ、あるいは農業など自然関係の分野は、市場経済に委ねてしまうとその価値が十分に評価されず、低価格となる傾向が大きい（広井〔2011〕参照）。同様に、「農産物輸入は消費者に福音」といった議論も市場ないし狭義の経済合理性の視点のみに立った議論であり、上記の①で掲げたようなエコロジー的な視点は顧慮されていない。

ローカル経済のビジョンへ

とは言えここで注目したいのは、野口氏のようなエコノミスト、しかも製造業や輸出立国といった方向に少なくとも一定の理解をもっていた論者で〝さえ〟、価格競争ないし低賃金競争という形での「グローバル化対応」に疑義を呈するようになり、むしろサービス業の重要性を説くようになっているという点である。しかも、野口氏は必ずしも意識していないようだが、福祉などのサービス業の重要性を説くことは、少なくともかなりの部分、経済の「ローカル化」の重要性を積極的に認めることになるはずだ（一部の高度専門的サービス業は国境を越えて移動するにしても、それは全体から見ればごく少数である）。

私はここに、先ほどのリチャード・フロリダの『クリエイティブ資本論』に一部類似した（同じではないが）論理の構造を見る。

つまり市場経済の合理性や資本主義の進化といった、「経済」の側に内在した論理を追求していった先にも、「経済のローカル化」という方向が（ある意味で逆説的にも）浮かび上がってくるという点だ。もちろんそれは、先に①として挙げた、エコロジー的な視点からの「ローカル経済」論ないし「経済の地域内循環」論とは基本理念において異なるが、興味深いことに結論の方向自体はかなりの部分において重なる内容をもっている。

ここでの結論を示すと、私自身はこれからの日本社会を考える場合、経済という観点からも（付加価値戦略と並び）「ローカル化戦略」という発想や方向が重要であり、この文脈で「サービス化」あるいは「ケア経済」、そして「生産性」概念の転換を図っていくことが大きな課題と考える。

そしてその場合、最終的な経済システムのあり方としては、以前の拙著で論じたように、次のような「ローカルからグローバルへの全体構造」を構想し実現していくべきものと考えている。すなわち、

① 物質的生産、特に食料生産及びケアはできる限りローカルな地域単位で。……ローカル～ナショナル

② 工業製品やエネルギーについてはより広範囲の地域単位で。……ナショナル～リージョナル

（ただし自然エネルギーについてはできる限りローカルに）

③　情報の生産／消費ないし流通についてはもっとも広範囲に。……グローバル

④　時間の消費（コミュニティや自然等に関わる欲求ないし市場経済を超える領域）はローカルに。

という方向だ（広井〔2009a〕、同〔2009b〕参照）。

これからの時代はローカル経済、あるいは経済の地域内循環（ヒト・モノ・カネが地域で循環するような経済）というビジョンを重視し、その具体的な展開を図っていくことが、コミュニティ再生にとってもまた地域活性化や雇用にとっても有効となるのである。

4　情報とコミュニティの進化

インターネットや様々なＩＴ関連技術が社会にもたらすインパクトに関する議論は枚挙に暇がない。最近では、フェイスブックなどが中東の民主化運動において果たした役割について多くの議論がなされていた。

しかしながら、こうした情報技術のダイナミックな展開が人間にとってどのような意味をもつかについて、それを長期的な時間軸の視点あるいは人類の歴史の大きな流れの中で展望するような議論は意外に少ないように思われる。ここで行ってみたいのは、そうした関心からの基本的なスケッチの試みだ。

遺伝情報・脳情報・デジタル情報

議論の手がかりとして、人間にとっての「情報」の意味について、かつてカール・セーガンが提起した次のような視点が参考になる（セーガン〔１９７８〕）。

すなわち、情報は大きく「遺伝情報」と「脳情報」に区分することができる。前者はいわゆるＤＮＡに組み込まれた情報であり、これは他でもなく遺伝子（という情報メディア）を通じて親から子へとバトンタッチされていく。その中身は、身体の生物学的組成に関する情報がまず重要だが、一定の行動パターンに関する情報も含まれている（たとえばネコが毛づくろいをするのは親に教えられるものではなく遺伝情報の中にその行動パターンが組み込まれているからである）。

しかしながら生物が複雑になっていくと、この遺伝情報だけでは〝不十分〟になってくる。つまり、必要な情報の容量ないし容器がＤＮＡでは間に合わなくなってくる。

そこで遺伝情報に加えて、生物は「脳」という情報の貯蔵メディアを作り出し、「脳情報」を通じて様々な情報の蓄積や伝達を行うようにした。この場合、脳情報の伝達は、生物の個体の間の様々なコミュニケーションによって行われる。

たとえば親が子に様々なことを教えるというのがその原初形態であるが（これは知識の伝達のみならず様々な「ケア」やその情緒的側面も含まれる）、先ほどの遺伝情報と違って、脳情報の場合は親子といった血縁関係を超えた個体の間で伝達が行われ、しかもそれは一方向的な伝達ではなく相互的である。そしてこうした中で形成されるのが、個体間の様々なかたちの「コミュニティ」に他ならない。

このように「情報」と「コミュニティ」とは不可分の概念である。

そして、こうした脳情報は生物進化の中で次第にその比重が大きくなり、哺乳類においてさらに大きく拡大することになるが――「哺乳」ということ自体が個体間コミュニケーションの発達を示している――、言うまでもなくそれが最高度に展開したのが人間という生き物であった。また、脳情報の中で飛躍的に大きな意味をもったのが「言語（情報）」であったことも確かである。

さて、先ほどカール・セーガンにふれたが、セーガンの議論のおもしろい点は、このようにして脳情報を大きく進化させた人間であるが、しかしその歴史の展開の中で、その脳すら〝容量不足〟となり、やがて人間はさらに新たな情報の媒体を作っていったという把握である。

すなわちそれは、「文字情報」とその蓄積手段としての書物、ひいてはそれを保存する図書館などであり、これはいわば脳にとっての〝外部メモリー〟のようなものと言えるだろう。そして、やがてこれでも不十分となり、コンピューターが現れ、デジタル情報の蓄積や伝達が展開していったのが20世紀後半ということになる。

まとめると、「遺伝情報→脳情報（→文字情報）→デジタル情報」という形で、情報とコミュニケーションの何重かの〝外部化〟を行ってきたのが人間ということになる。

そしてもうひとつ重要なのは、そのこととパラレルに、つまり「情報」の形態の進化とパラレルに、人間におけるコミュニケーションあるいはコミュニティの形態ないし様式が大きく変化していったという点だ。いわゆる「ネットコミュニティ」が人間にとってどういう意味をもつかは、こうした大きな視野においてとらえられる必要があるだろう。

なお以上について若干の注釈を加えると、文字情報もデジタル情報も、最終的にそれを扱うのは人間あるいは脳なので、これらも大きくは「脳情報」であることには変わりない。その意味では、遺伝情報以外の言語情報、文字情報、デジタル情報はすべて「広義の脳情報」に含めることもできるだろう。

そして言うまでもなく脳の〝情報処理能力〟には自ずと限界があり、これは以上のようにいくらメモリーを外部化したところで変わりない。

私自身について言うならば、たとえば日々のメール対応は既に私の処理能力を超えている。デジタル情報の拡大とその脳への〝負荷〟がある種の臨界点を超えつつあるように思うのは、私だけではないだろう。ネット文明は、ある種の飽和状況（を既に超える状況）に至りつつあるのではないか。

人類史における情報

以上のような基本的な把握を踏まえて、私としてはこうした「情報の進化（ひいては情報とコミュニティの進化）」を、人間の歴史の大きな展開の中でとらえ返してみたい。その大まかな枠組みを示したのが**図1**である。

これは基本的に1節の「ポスト成長時代の価値と幸福」で示した図と共通の枠組みなのだが、ポイントはまず、人間の歴史の流れを大きく「拡大・成長」と「成熟化ないし定常化」のサイクルとしてとらえるという点である。この場合、いわゆる①狩猟採集社会、②農耕社会、③産業化（工業化）社会という3つの段階があり、それぞれにおいて拡大・成長期（前半）とその成熟・定常化の時期（後半）が区分される。

そして、1節でも述べたことだが、それぞれの段階の前半から後半に至る時期は、いわば〝「物質的生産の量的拡大」から「内的・質的（ないし文化的）発展」へ〟の転換として把握することができ、そのことと並行して人間の歴史において大きな変化が生じたと考えてみたい。

そして以上のことを、先ほど議論した「情報」の進化と関連づけてまとめたのが**図1**となっている。

ここから言えるのは、人間にとっての「情報」の形態が大きく変化し、情報文明あるいは〝情報の時代〟とも呼びうる状況が生じるのは、実は決して現在だけではないという点だ。

つまり狩猟採集社会そして農耕社会においても同様の現象が生じており、それはそれぞれの段階での〝物質的生産の量的拡大から質的・文化的発展へ〟という移行の、いわば過渡期において起こっているのである。

これは、もとをたどればギリシャ哲学における質料と形相（マテリーとフォルム。素材と形式）の「形相」に対応するのが「情報」（information とは文字通り form 化すること、つまり物質や素材に形をあたえること）であることを考えれば納得しやすいことだろう。すなわち情報化の時代とは、〝脱物質化〟の時代（への移行期）という側面をもっているのである（このテーマを展開したのが見田宗介の『現代社会の理論』だった。見田〔1996〕）。

以上のことを言い換えると、私の理解では「物質・エネルギー→情報→生命」というシフトを、人間は狩猟採集社会、農耕社会、産業化（工業化）社会の各段階ごとに経験してきていると考えられるのではないだろうか。

ここでいう「生命」とは、英語の「life」に近い意味、つまり「生活」という意味を含む広義のものである。したがって人々の主たる関心が「生命／生活（life）」に移るとは、私たちが現在を将来のための〝手段〟としてのみとらえるのではなく、他者との交歓や自然とのつながりなど、現在

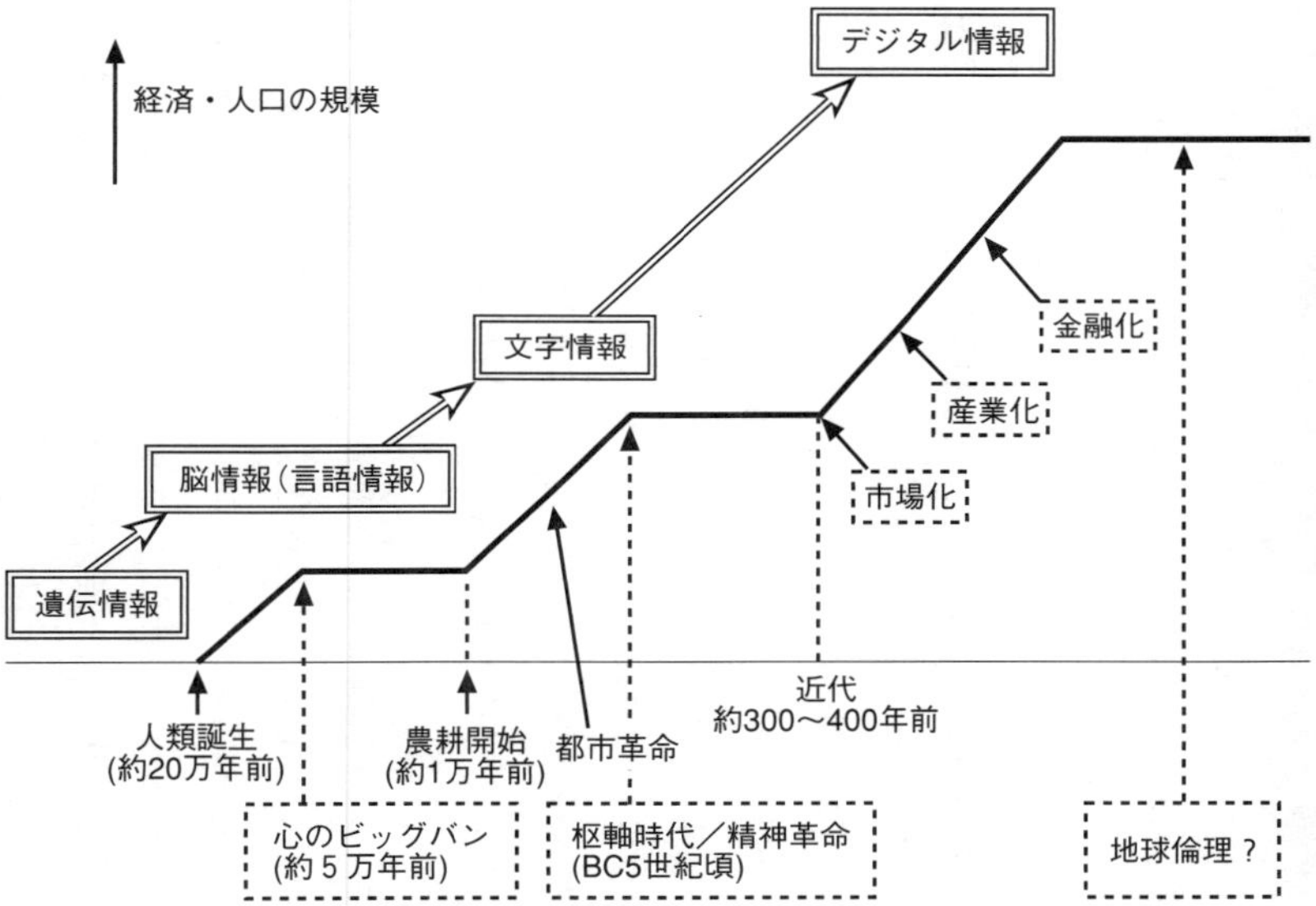

図１　情報とコミュニティの進化

の生そのものを享受するようなあり方（現在充足性）へと基本的なスタンスを変えていくことを意味するだろう。

農耕社会について見れば、農耕の開始とはすなわち（植物の栽培を通じた）太陽エネルギーの間接的利用による食糧生産という、「物質・エネルギー」の新たな利用・生産形態のスタートだった。これに伴い、社会の組織は拡大し、その生産物の分配や流通を含めて新たな情報ツールとしての「文字（ないし文字情報）」が登場する。しかも文字とパラレルに〝都市〟という、人間にとっての新たなコミュニティの形態が生まれたのであり、ここでも「情報とコミュニティ」の連関を見出すことができる。

ここまではいわば「手段」としての情報メディアの展開ということになるが、

農耕文明が物質的・量的な拡大期をへて成熟期に入ると、様々な芸能やアート、工芸など、〝文化〟の領域に属する分野が大きく生成し――日本でいえば江戸時代などをイメージするのが比較的容易だろう――、いわば「目的」としての情報メディアに人々の関心がシフトしていく。これは先ほども述べた現在充足性への志向ということにつながるわけであり、以上の流れは全体として「物質・エネルギー→情報→生命」という展開として把握できると思われる。

地球化時代の情報とコミュニティ――「つなぐこと」と「分断すること」の両義性

情報とコミュニティの関連を指摘してきたように、人間にとっての「情報」の形態の変容は、それに伴って「コミュニティ」のあり方にも大きな影響を及ぼし、ひいてはそれを支える新たな原理（価値原理ないし規範原理）を要請していく。ひとつのポジティブな可能性は、しばしば議論されるようなグローバルに展開するネットコミュニティが、地球レベルのつながりの感覚や、「地球コミュニティ」ひいては「地球倫理」とも呼ぶべき意識や原理を生成していくことだろう。

この場合、前節でも議論したように、私自身は「グローバル化の先のローカル化」という方向を志向しており、地球倫理といったものもローカルな多様性を一義的な出発点として構想されるべきものと考えている。

そして次の点に注意が必要である。それは、ここで論じてきたように、人間が「情報」の新たな形態を作った際、それは新たな「つながり」を生み出す媒体にもなると同時に、逆に新たな境界や〝分断〟を作り出す源にもなるという点だ。

すなわち、（狩猟採集社会における）「言語情報」ないし「言語」というメディアの発明は、それまでであれば交渉の少なかった個人や集団（たとえば家族）同士のコミュニケーションを容易にし、新たなつながりの生成に結びついた。

しかしながら、いったん一つの言語（及びその言語を使うコミュニティ）が出来上がると、それは「他の言語」を話すコミュニティとの間に深い境界や断絶をもたらす方向にも働く。

このように、言語（という新たな情報媒体）は「つなぐ」機能と同時に「分断する」機能の両方をもったのである。実際、現在の世界においても、言語の相違ということが、コミュニティや民族の間を隔てる最大の障壁になっているだろう（同時にそれは、それぞれのコミュニティのアイデンティティの源でもある）。

逆に、〝音楽は共通のコミュニケーション手段〟などといったことが言われるように、むしろ「言語以前的」な、あるいは感覚的な媒体ないし情報のほうが、それぞれの言語コミュニティ間の境界や垣根を越える意味をもちうる場合があるだろう。

さらに農耕段階の後半期には、いわゆる枢軸時代において様々な普遍的な原理を志向する思想や宗教群が生まれた（仏教、ユダヤ・キリスト教、儒教など）。これらは、複数の異なるコミュニティが共存していけるような、つまり個々の（言語）コミュニティや民族を超えた文字通り〝普遍的〟な価値原理や規範を説くことを本質としており、実際に、地球上の主要な地域がそうした思想ないし宗教のもとに統合されていったのである（いわば現在につらなる〝世界宗教地図〟の原型ができたことになる）。

しかしながら、少し考えてみれば明らかなことだが、そうした普遍的な原理や思想は、〝自らが普遍的である〟と自負するがゆえに、それらが相互に共存することは困難の度合いを増すことになる（原理的には真の意味での共存は不可能ともいえる）。実際に、枢軸時代以降の世界史の相当部分は、そうした普遍宗教間の対立の歴史でもあったわけであり、それは地球規模での交通、交渉等が一般的になった現在において顕在化している。

グローバルレベルでのネットコミュニティの展開という、新たな「情報」メディアの生成が、21世紀全体を見渡した上で人間にとってどのような影響をもつかについては現時点でおよそ定まった予測は困難かもしれない。ただ以上見たような「情報とコミュニティ」に関するこれまでの歴史的経験からすれば、それが新たな「つながり」の生成と同時に「分断」の大きな源泉になりうることも確かである。

同時に、「情報」文明は先に論じたように最終的にはむしろ〝過渡期〟の現象であり、その先には「生命／生活（life）」というコンセプトに象徴されるような、ローカルな基盤に根ざした現在充足的な生への志向が比重を増していくだろう。

そうしたことを視野に入れたうえで、先ほど「地球倫理」と述べた思想や行動原理を模索し構想していくことが、人間の歴史の中でのかなり大きな節目としての現在における中心的な課題であることは間違いないだろう（「地球倫理」については本書の第Ⅱ部でさらに深めてみたい）。

話題をさらに広げることになるが、以上の議論と「科学」の今後との関係についても少しふれておこう。

現在の基礎科学の展開を大きくとらえると、その前線は「生命」に移りつつあると言って大過ないだろう。この場合、20世紀後半の生命科学は（先ほどのDNAに象徴されるように）「情報」概念を前面に活用することで発展してきたわけだが、私見では今後は情報という概念に還元できない、あるいはその根底にあるような〝生命そのもの〟についての探求が主題になっていき、19世紀における生気論（ないし新生気論）をめぐるような議論が新たな形で展開していくと思われる（ちなみに19世紀の生気論 vitalism とはドイツの生物学者ハンス・ドリーシュが提起した議論で、生物には非生物にはない「エンテレヒー」とも呼ぶべき、物理化学的な現象あるいは機械論的説明に還元できない何かが備わっていると彼は論じた。余談ながら興味深いことにドリーシュは、「エコロジー」という言葉を作った同じくドイツの生物学者エルンスト・ヘッケルの弟子でもある）。

これに関して、近年脳研究の分野において、いわゆる「ソーシャル・ブレイン」、つまり個体と個体（ないし他者）との相互作用や関係性が、脳の発達や機構において決定的な意味をもつことを探求する研究が大きく展開しているが、これは次のような意味で、他でもなくここでの「情報とコミュニティ」というテーマに関わる内容と言えるだろう。

つまり「脳」という〝物質〟は、それぞれが互いに独立に存在するのではなく、他者ないし〝他の脳〟との情報の相互作用（コミュニケーション）あるいはそこで形成される「コミュニティ」があってこそ実質的な意味をもつという理解である。

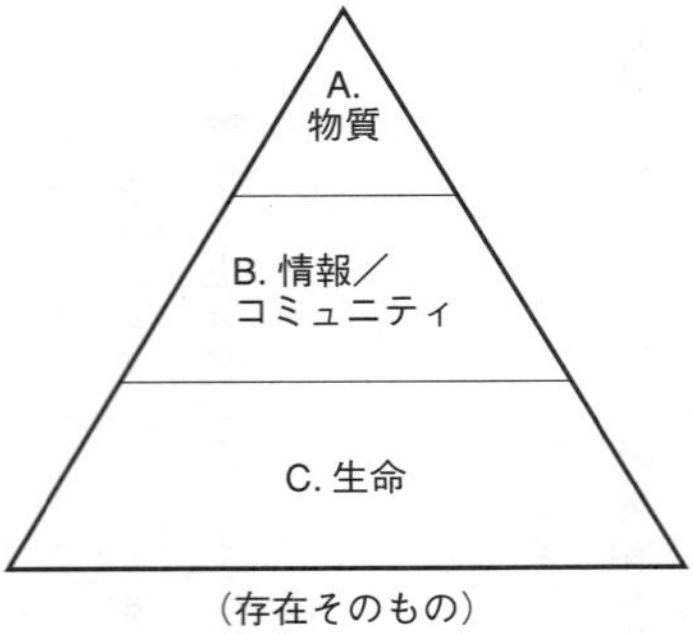

図2　「物質・情報・生命」をめぐる構図

つまり「物質」を探求する科学の中に、「コミュニティ」（あるいは他個体とのコミュニケーション）という要素が入りこむようになっているのである。

逆に言えば、これはなお「情報」というレベルにとどまっている内容であるわけだが、上記のように、今後の生命科学は、むしろそうした「情報」（とコミュニティ）のさらに根底にある、〝「生命」ひいては存在そのもの〟とも呼ぶべきテーマに行き着かざるをえないのではないか、というのが私の把握である（**図2**参照）。

ちなみに最近の宇宙論の展開は、〝宇宙そのものはなぜ存在するのか〟〝宇宙に外側はあるか〟といった、生命を含むこの世界ないし宇宙の「存在」そのものを問うような方向へと進んでいる。

こうして科学のいくつかの異なる領域の前線において、従来は哲学や宗教が問うてきたテーマと現代科学が掲げる問いが大きくクロスしつつある。

先ほどの生命科学や脳研究との関連を含めて、またここで議論してきた「情報／コミュニティ／生命／存在」といったコンセプトを座標軸としながら、文・理を超えた学際的な探求をしていくことがきわめてエキサイティングな課題となっているのが現在ではないだろうか（この話題も第Ⅱ部でさらに展開してみたい）。

5　鎮守の森・自然エネルギーコミュニティ構想

自然エネルギーをめぐる現状と日本の特徴

「3・11」の原発事故の経験から、自然エネルギー（再生可能エネルギー）を中心とする分散型エネルギーシステムへの移行が不可避の課題であることは言をまたない。

ここで、次のような興味深い事実がある。日本全体でのエネルギー自給率は4％程度に過ぎないが、都道府県別に見ると10％を超えているところが6つあり、ベスト5は①大分県（25・2％）、②富山県（16・8％）、③秋田県（16・5％）、④長野県（11・2％）、⑤青森県（10・6％）となっている。

これは、千葉大学の倉阪秀史教授（環境政策）が進めている「永続地帯（＝その地域で必要とされる食糧やエネルギーを自給できる地域）」研究の調査結果であり、大分県が群を抜いて高いのは、温泉の存在からわかるように地熱発電が大きいことによる。富山県や長野県などは山がちな風土を背景にして小水力発電が大きいことがエネルギー自給率が高い要因である（馬上〔2010〕）。

余談ながら、司馬遼太郎が以前書いていたことだが、明治時代にヨーロッパからある外国人技師を招いた際、日本の「川」を見せたら外国人技師は「これは川ではなく〝滝〟だ」と言ったというエピソードがある。山がちで急流の多い日本の風土と、日本における小水力発電の可能性を示す逸話だ。

自然エネルギーというと、一般には風力や太陽光をまず連想しがちだが、地熱発電や小水力発電といった、日本の風土や自然条件にあった自然エネルギーの活用や政策的支援を展開していくべきだろう。ちなみに環境省の調査では、東北地方については小水力や地熱発電のポテンシャルが大とされている（環境省地球環境局「平成22年度再生可能エネルギー導入ポテンシャル調査」）。

上記の倉阪教授は、今回の原発事故を受けて、２０４０年に向けて原発を撤廃していくという方向をとり原発による電力供給分を自然エネルギーによって代替していくとした場合に、どの種類の自然エネルギーがどの程度必要となるかの試算を現在進めている。その中には小水力発電による部分については、たとえば3キロワット級の小水力発電を全国約8万か所に設置するという内容も含まれているようだ（「再生可能エネルギーによる原発代替プラン ver1」）。

もちろん、これらの数値や内容はまだ試算段階のものであり、関連する他の諸研究とも総合しながら今後さらに精査していくべきものだが、いずれにしても、比較的小規模の自然エネルギーをローカルなコミュニティに分散的に配置する方向での対応が、今後の大きな潮流になっていくことは確実だろう。

ローカル・コミュニティの中心としての〝鎮守の森〟

ここで私が想起するのは、全国に存在する神社・お寺の数はそれぞれ約8万1千、約8万6千という事実である。中学校の数は約1万、コンビニの数は5万弱なのでこれは大変な数で、私はこの数字を最初に知ったときずいぶん驚いたのだが、考えてみれば、神社やお寺といった場は、古い時代において、紛れもなく「コミュニティの中心（ないし拠点）」として存在していた。それは単に〝宗教施設〟といった存在を超えて、たとえばその周辺で「市《いち》」が開かれ商業が行われるという経済的機能、「寺子屋」などのような教育機能、そして「祭り」に象徴されるようなコミュニティの祝祭等々の諸機能を果たしてきたのである。

もう一つ付け加えると、神社の数は明治初期には約18万余であり、実はこれは当時の日本における〝自然村〟の数とほぼ同じであったと考えられるが、やがて市町村の合併とパラレルに、これらの神社は順次〝合祀〟されていった（正確に言うと、神社合祀を追いかける形で進んでいったのが市町村の合併だったといえる。広井〔２００９b〕参照）。そしてこうした神社合祀に対し、それが自然と一体となった地域のコミュニティを解体してしまうという理由で強力に反対したのが生物学者・民俗学者の南方熊楠であったことはよく知られた話である（神社合祀反対運動。なお南方熊楠の「神社合祀反対意見」は鶴見〔１９８１〕にも収録されている）。

興味深いことに近年、地域コミュニティへの関心が高まる中で、こうした神社やお寺といった、いわば高度成長期に人々の関心の対象からはずれていった場所を地域の貴重な〝社会資源〟として再評価し、それを子育てや高齢者ケアなどの福祉的活動や、環境学習等の場として活用するという例が現れてきている（たとえば神社の社務所を地域住民による共同保育の場所として活用する「プレイセンター・ピカソ」〔東京都国分寺市〕など〔広井〔２００６〕参照〕。ちなみに近年では、鎮守の森の持っている温暖化抑制効果（二酸化炭素吸収効果）も注目され研究されるようになっている。

そしてまた、今回の東日本大震災を通じて、地域における神社あるいは鎮守の森のもつ重要性が再認識されたことは言うまでもない。たとえばかつての大津波の境界線近くに「浪分神社《なみわけ》」といった神社が建っており、それが後代の人々へのメッセージとしても存在していたことなど、様々な事例がメディアなどでも取り上げられている。

鎮守の森と自然エネルギー拠点をつなぐ

私は、以上のような発想を、先ほどの自然エネルギー拠点の整備と結びつけていってはどうだろうかと考える。というのも、自然エネルギー拠点の整備というテーマは、狭い意味でのエネルギー政策という議論を超えて、ローカルな「コミュニティ」（の再生）という視点が不可欠ではないかと思うからである。

これからの時代は、そうした自然エネルギーを含めて、本書でも述べてきたように、できる限り地域の中でヒト・モノ・カネが循環していくような社会の姿を実現していくことが求められる。そして、いわば〝現代の鎮守の森〟をローカルに再生するという趣旨をこめて、全国に数万規模の様々な自然エネルギー拠点（太陽光、風力のみならず地熱や小水力を重視）を設け、政策的支援（固定価格買取など）を行いつつ雇用創出も含めた分散型コミュニティの再生を図るという発想である。

その場合、先ほど神社やお寺などの空間を福祉や環境関連活動などの場として活用する例が出てきているという話をしたが、そうした自然エネルギー拠点について、その全部ではなく一部であっても、周囲の場所を一体的にデザインして整備し、保育や高齢者ケアなどの福祉的活動、環境学習や教育、そして様々な世代が関わりコミュニケーションを行う「世代間交流」等々の場所として、つまり「コミュニティの中心」ないし拠点として多面的に活用するというのはどうだろうか。

これは、地域コミュニティと伝統的な自然信仰あるいは文化が一体となった、21世紀型の自然エネルギー政策として、日本が世界に発信しうる、あるいは発信すべきビジョンとなると考える。

ちなみに興味深い事実として、地域の「祭り」が活発な場所においては、若者がその地域にとどまったり、地域に戻ってくる割合が大きいという。このように鎮守の森は地域再生や活性化にもきわめて大きな役割を果たすのである。

以上は半ば夢物語のように響くかもしれないが、震災後の現在の状況において、むしろ一定のリアリティを持っているように思う。ちなみに自然エネルギー（再生可能エネルギー）の普及に関しては、たとえばドイツの将来エネルギー計画（目標値）では、2050年の「最終エネルギー消費に占める再生可能エネルギーの割合」「総電力消費量に占める再生可能エネルギーの割合」はそれぞれ60%、80%となっている（松下〔2010〕）。ここで述べているような方向は、決して現実性のない夢想ではない。

「鎮守の森・自然エネルギーコミュニティ構想」の展開

鎮守の森ないし神社と自然エネルギーの関係についてさらに具体的に考えてみると、たとえば小水力発電の可能性がある。神社の鳥居の脇で水車が回っており、それが小水力発電として自然エネルギーを生み出しているという情景は、伝統的なものが現代的なものと結びついた姿として、立派に〝絵になる〟ものではないだろうか。小水力発電以外でも、たとえば太陽光パネルを神社の屋根その他近辺の場所に設置することが考えられるだろう。あるいは、岡山県の真庭郡での取り組みが注目されているが、森林の木を有効活用し、それを木材ペレットにして燃料として利用する（バイオマス燃料）といった事業を、神社と連携して行うといった形もありうると思われる。

このうち小水力発電に関して、岐阜県の郡上《ぐじょう》市白鳥町の石徹白《いとしろ》地区（福井県との県境）において、NPO法人・地域再生機構が数年前から進めている先駆的な試みについて記してみたい。

同地区は、古くから白山信仰の拠点として栄えた場所で、以前は「上り千人、下り千人、泊まり千人」と言われるほど修験者等で賑わった地域であるそうだが、近年は例に漏れず過疎化が進み、地区の人口は300人を割り65歳以上が50％弱という状況になっていた。そこに上記のNPO地域再生機構が関わるようになり、小水力発電を柱の一つとした地域再生の試みを進めてきたのである。

同機構の副理事長を務める平野彰秀さんは、もともと岐阜市出身で、東京の大学を出たあと外資系のコンサルティング会社に勤めていたが、やがてUターンして同機構の事業に参加するようになり、2011年には石徹白地区に移住して活動を進めている。

私は2011年の秋頃にあるテレビ番組で同機構の小水力発電に関する取り組みが紹介されているのを見て、ちょうど本節で述べてきたような自然エネルギーと鎮守の森を結びつけた試みについて考えていたところだったので、さっそく平野さんに連絡をとらせていただき、やりとりをしていくことになった。

鎮守の森や神社と自然エネルギーを結びつける発想は、「トンデモ」に類するような話と思われるかと心配したが、意外にも、平野さんからのメッセージには、「小水力発電に取り組んでいる石徹白という地区は、白山信仰の拠点となる集落であり、小水力発電を見に来ていただく方には、必ず神社にお参りいただいている」ということ、さらに「自然エネルギーは、自然の力をお借りしてエネルギーを作り出すという考え方」であり、「地域で自然エネルギーに取り組むということは、地域の自治やコミュニティの力を取り戻すことであると、私どもは考えております」という印象深い内容が記されており、感銘を受けたのである。

石徹白地区は冬の間は豪雪におおわれるため、同地区を訪問したのは4月初めで、平野さんや同機構理事長の駒宮博男さん、平野さんの妻の馨生里さん、それに地域再生のモデルとして石徹白を訪れたという新潟からの若者のグループと話をすることができたが、この石徹白地区全体がそのまま「鎮守の森・自然エネルギーコミュニティ」になっているようにも思えた（ちなみに**写真**は石徹白地区に関するもの）。

つまり「鎮守の森・自然エネルギーコミュニティ」はある意味で既に存在していたということになる。

前後して、神社関係の雑誌等にこの構想について書く機会があり、幸い、埼玉、岐阜、長野、香川等の神社から問い合わせや関心があるとの連絡をもらい、現在、具体的な事業の可能性や内容について相談しながら進めているところである。

自然信仰や伝統文化に根ざした地域再生やエネルギー自治の一つの形態として、以上のような「鎮守の森・自然エネルギーコミュニティ」構想が重要と考えており、微力ながらこうしたビジョンの実現に努力していきたいと思っている。

① 岐阜県石徹白地区（岐阜県郡上市白鳥町）の遠景

② 白山中居神社（白山信仰の拠点の一つ）

③ 小水力発電（上掛け水車型。750ワット。落差 3 m）

6　福祉都市または人間の顔をした環境都市

人間の顔をした環境都市

「都市の低炭素化の促進に関する法律」という法案が2012年に成立し、低炭素型都市の実現に向けた取り組みが様々な形で本格的に始動しようとしている。この法律は、都市機能の集約化、公共交通機関の利用促進、建築物の低炭素化等、「都市の低炭素化」に向けた多様な内容を含むもので、タイムリーかつ今後その推進が積極的に図られるべき性格のものとして歓迎したい。

ただし、そうした都市の低炭素化という方向を実現していくにあたり、次のような視点も忘れてはならないものと私は考えている。

それは一言でいえば、そうした都市や街で暮らしを営む〝人間〟の視点であり、「生活の質」という視点、ひいては「コミュニティ」という視点である。後でもふれるように、たとえばヨーロッパの多くの都市を歩くと、それが低炭素型の都市であると同時に、中心部において大胆に自動車交通が抑制され、市場やお洒落な店などが並ぶ〝歩いて楽しめる〟空間となっており、またそこが人と人との間のゆるやかなつながりを自然に形成するような〝コミュニティ醸成型〟の空間となっていることが感じられる。

低炭素化や環境親和性といった都市の性格は、むしろ結果としてそうなったという面があり、主眼が置かれているのはあくまでそこに住む人々にとっての「生活の質」という点であると感じられるのである。言い換えれば「環境都市」は本来、同時に「福祉都市」でもあるべきなのではないか。

これに対し、従来の日本における都市の低炭素化をめぐる議論は、概してハード中心あるいは生産者（企業）の側の視点が中心だったように思う。ちょうどオイルショック以降の〝省エネ〟の議論などがそうであるように、それによって生産の効率化や資源の節約がなされること自体は意義あることだとしても、そのことを通じてどれだけ都市や街の空間における人々の生活が豊かなものになったかという視点は二次的であったのではないか。

加えて、今後の日本の都市や地域のあり方を考えていくにあたっては、言うまでもなく高齢化及び人口減少という構造変化を踏まえて、医療・福祉の視点がきわめて重要になる。こうした点に関して、私は後にも論じるように「都市政策と福祉政策の統合」の重要性ということを指摘してきたが、このような「福祉都市」というビジョンは、都市の低炭素化あるいは「環境都市」の実現というビジョンないし都市像と、実質的にかなりの部分で重なり合うものなのである。

したがって、今後は「福祉」の視点を盛り込んだ都市の低炭素化という方向が重要になり、言い換えれば都市づくりにおける「環境と福祉の統合」というアプローチが大きな課題となる（広井編〔2008〕参照）。

ここではこうした問題意識を踏まえて、いくつかの話題にそくして考えてみよう。

都市政策と福祉政策の統合

まず、いま指摘した「都市政策と福祉政策の統合」という視点である。

これまで日本では、福祉ないし社会保障政策と、都市計画や土地所有などを含む都市政策とは、互いにあまり関連のない異分野としてとらえられることが多く、概してバラバラに施策の展開が行われてきた。しかし今後は、都市政策や街づくりの中に「福祉」的な視点を、また逆に福祉政策の中に都市あるいは「空間」的な視点を導入することが、ぜひとも必要である。

この場合の「福祉」はかなり広い意味で、①少子・高齢化対応や若者の雇用などを含む生活保障などの面もあれば、②様々な世代の交流や世代間の人口バランス、③先ほど指摘したような、人々がゆっくり歩いて楽しめ、かつ「コミュニティ」としてのつながりを醸成するような空間づくりといった要素を含んでいる。

たとえば最近様々な形で論じられるようになった、高齢者を中心とする〝買い物難民〟問題などは、「都市政策と福祉政策の統合」というテーマを考える上で典型的な課題の一つだろう。2010年5月に経済産業省の研究会が出した報告書では、そうした買い物難民ないし買い物弱者が日本全体で600万人程度にのぼるという推計が示された。買い物というのは言うまでもなく日常生活の基盤だから、〝買い物難民〟問題は、当然のことながら高齢者などの福祉に関わることであり、しかも同時に、公共交通機関のあり方や、住宅・福祉施設と商店街など買い物をする場所との空間的配置など、都市政策そのものに関わる内容である。

また〝限界団地〟（ないし都会型限界集落）という言い方がされるように、団地の高齢化が進み、そこでの福祉・医療サービスのみならず人とのつながり・コミュニティのあり方や人口構成バランス、他世代とのコミュニケーションといったことが課題になっているが、これらに関する対応も、都市政策やまちづくりと福祉政策を融合した発想やアプローチが必要になっている。

ここで高齢者関連の施設や住宅に関して見れば、特別養護老人ホームの待機者は全国で約42万人に上り（2009年、厚生労働省まとめ）、この数字には議論の余地があるものの相当な量的不足が生じている。またそれは単に「量」の不足だけの問題ではなく、その空間的配置に大きな歪みが存在している。たとえば2009年3月に群馬県の老人施設（「たまゆら」）が全焼し入居者が10名死亡するという悲惨な事件が起こったが、入居している高齢者の多くは実際には東京都の住民であった。これは「街の中心部に高齢者施設や住宅が少ない」ということに由来すると同時に、根本的には、土地の価格の高さから都内にそうした施設が作りにくいという土地問題が背景にある（広井〔2009(b)〕）。

なぜそのようになったのか。一つの背景は、これまでの福祉政策に、（人口当たり何施設といった発想はあったとしても）そうした空間的・地理的な視点あるいは〝立地政策〟がほとんど存在しなかったことにあるだろう。また、都市政策のサイドについて見れば、現状の都市計画が形成された時代は、現在のように少子・高齢化が進んでおらず、むしろ「学校」がコミュニティの中心として想定され――代表的な都市計画論として知られるペリーの近隣住区論においても、小学校を中心とする学校区がコミュニティの単位モデルと考えられた――、高齢者福祉施設やケア付き住宅といった存在は、都市計画の運用レベルにおいて意識的に位置づけられてこなかった。

加えて、小中学校などが公立中心で、「公有地」に立っているのに対し、福祉施設等の場合は、土地は設置者（社会福祉法人など民間非営利の主体）が自ら自前で準備することになっている。この結果、地価の高い場所での設置が困難であるという基本的な問題が存在してきたのである。

「福祉都市　Welfare City」の可能性

以上の点を、もう少し大きな視野の中で見てみよう。先進諸国、とりわけヨーロッパ各国における政策展開を見ると、福祉（社会保障）政策と都市政策（住宅・都市計画・土地政策等）とが、相互に連動しながら、共通の理念の下で展開してきたという事実が顕著である。

その全体を概括的にまとめたのが表だが、たとえば社会保障において「公」の役割が大きい北欧などでは、同時に土地政策においても「公有地」の割合が大きく（たとえばストックホルム市では土地の70％が市の公有地）、また住宅についても公的住宅の比重が大きいなど、各政策分野に強い相関性が見られる。

時間軸にそくして見ると、ヨーロッパの場合、近代以前からの都市的な公共性の伝統に加えて、特に第二次大戦後の時代は「福祉国家」の理念とともに、いわゆる社会住宅の整備など、土地・住宅・都市の「社会化」が強化されていった。これとは対照的に日本の場合、農地改革の影響や、強い「開発」志向の中での急激な都市化を背景として、「公共性」を欠落する形で土地所有の私的性

	社会保障	土地所有（公有地割合）	都市計画規制	住宅（社会住宅〔公的住宅〕割合）
北欧	規模　大	高（例：ストックホルム市　70%）	強（二層制）	高
大陸ヨーロッパ	規模　大〜中	中（ただしオランダは高）	強（二層制）	中（ただしオランダは高）
アメリカ	規模　小	低	中（ゾーニング規制）	低
日本	規模　小	低（公有地割合37%）	弱	低（公的住宅割合6.7%）

表　都市計画（含土地所有）と福祉国家の国際比較――相互に深く関連

格が強まっていったのが戦後の展開だった。

ちなみに私が2008年に行った、全国の市町村及び都道府県に対する「土地・住宅政策に関するアンケート調査」では、「現在における土地・住宅政策の重要課題」についての設問（選択式・複数回答）に対し、もっとも多いのが「空地や空き家の増加（291）」で、次が「公有地の保有・利用のあり方（265）」、そして「高齢者や低所得者等に関する住宅の確保（203）」等となっていた。

これにはある程度の地域差が見られ、回答を自治体の規模別に見ると、「空地や空き家の増加」は特に人口規模の小さい市町村で大きな課題となっており、他方、特に人口30万人以上の自治体や大都市圏においては「高齢者や低所得者等に関する住宅の確保」が重要課題の第1位となっていた。また都道府県の回答でも「高齢者や低所得者等に関する住宅の確保」が土地・住宅政策をめぐる課題の第1位となっていたのである（詳しくは広井〔2009b〕参照)。

こうした結果からも示唆されるように、現在では新たな局面において「住宅の保障機能」の重要性が高まっている。この中には高齢者に関する住宅保障の重要性が含まれることはもちろんだが、近年では若者などの住宅難が深刻な問題になりつつある。

こうした意味で、今後は公営住宅・(URなどの)公的住宅等の役割を新たな視点で再評価し、強化していく必要があるが、併せて重要なのはそこでの空間的・地理的な視点である。つまりそうした公的住宅や福祉施設等を、都市ないし地域の中心部などに空間的な視点を考慮しながら整備することが、高齢者福祉や若者支援、コミュニティ感覚の醸成、空間格差の是正など福祉的な観点のみならず、中心市街地の活性化や地域再生といった観点からも、またガソリンやエネルギー消費など環境の観点からも、道路建設等の大規模な公共事業よりも有効かつ費用対効果の高い施策となるという発想だ。

「コミュニティ感覚」と空間構造

以上、「福祉都市」あるいは「都市政策と福祉政策の統合」という視点について述べたが、都市の低炭素化ないし「環境都市(持続可能な都市)」という都市像との関連を含め、こうしたテーマについて具体的なイメージを持つために、本節の冒頭でもふれたヨーロッパに関する事例をいくつか紹介してみたい。

都市の中心部において大胆に自動車交通を抑制し、歩行者が「歩いて楽しめる」空間をつくっていくという方向は、ヨーロッパの各都市において１９８０年代前後から明確になり、現在では広く浸透している。そうした政策展開は、私の印象ではドイツやオランダ、フランス、北欧などヨーロッパの中部以北において特に明瞭で、意識的な政策が進められている帰結と考えられる（**写真①**）。同時に、そこは高齢者などもゆっくり過ごせる空間で、市場やカフェで高齢者なども自然にくつろいで過ごしている姿が印象的である（**写真②、③**）。

３節の「ローカル化が日本を救う」の中で名古屋発のコメダ珈琲店についてふれたが、それが歓迎されるのは、やや極論すれば、日本の都市において、病院の待合室以外に高齢者がゆっくり過ごせる場所がなかったからだろう。

写真④、⑤は、都市の中心市街地で「座れる場所」が多くあり、人々がそこでくつろいだり、談笑したりしている様子を示したものである。ある意味で単純なことだが、街の中に「座れる場所」が多くあるということは、街が単なる〝通過するだけの空間〟ではなく、そこで何をするともなくゆっくり過ごせるような場所であることを意味している。街あるいは都市が、そうしたいわば「コミュニティ空間」として存在することが重要だ。

なお写真は入れていないがここでもう一つ重要なポイントがあり、それは都市における「住宅」の配置である。都市の中心部に中層（５階前後）の集合住宅が潤沢かつ整然と存在するのがヨーロッパの街であるが、それは中世以来の伝統という側面のみにとどまるのではなく、先ほど整理したように、第二次大戦以降を含む、計画的な公的住宅（社会住宅 social housing）の整備という、政策的な背景を持っている。

またこうした点に関し、日本において必ずしも十分に議論されていないと思われる点として、先ほど国際比較のところでも言及したように、ヨーロッパの場合、国による一定の相違があるものの、都市における「公有地」の割合が日本よりもずっと大きい（たとえばヘルシンキ市の場合、市内の土地の65％が市の公有地で、国有も合わせると75％に及ぶ）という点がある。

逆に私有地の割合が大きいのが日本やアメリカで、戦後の日本はアメリカの政策や世界観の影響が圧倒的に大きかったので、「土地公有」などというとイコール社会主義といった見方が強いのだが、それは一面的な理解である。土地所有のあり方や公有地の積極的活用という点は都市の低炭素化や「都市政策と福祉政策の統合」を考えていく上で重要な課題であり、今後根本に返って議論していく必要があるだろう。

さて、以上のようなヨーロッパの事例から示唆される点として、〝「コミュニティ感覚」と空間構造〟という視点の重要性を挙げたい。

ここで「コミュニティ感覚」とは、その都市や地域における、人々の（ゆるやかな）「つながり」の意識をいう。そして、そうした人々の「コミュニティ感覚」（ソフト面）と、都市や地域の空間構造（ハード面）は、相互に深い影響を及ぼし合っているのではないだろうか。

単純な例を挙げると、道路で分断され、完全に自動車中心になっているような街では、人々の「つながり」の感覚は大きく阻害される。また先ほど住宅の配置の問題についてふれたが、職場と住宅があまりにも離れている場合にも、そうしたコミュニティ感覚は生まれにくくなるだろう。様々な年齢の人々が自然に集まる空間としての商店街の空洞化といった現象も、コミュニティ感覚

① 中心部からの自動車排除と「歩いて楽しめる街」（ミュンヘン）

② 高齢者もゆっくり楽しめる市場や空間(a)（フライブルク）

③ 高齢者もゆっくり楽しめる市場や空間(b)（リヨン）

④ 歩行者空間と「座れる場所」の存在(a)（チューリッヒ）

⑤ 歩行者空間と「座れる場所」の存在(b)（フランクフルト）

の希薄化につながると思われる。

これまでの日本の都市政策では、そうした「コミュニティ感覚」といった視点はほとんど考慮されることがなかったのではないか。しかし今後は、いわば〝コミュニティ醸成型の空間構造〟(あるいはその反対の〝コミュニティ破壊型の空間構造〟)という、ソフトとハードを融合した視点が街づくりや都市政策において非常に重要になると思われる。

都市のあり方と「環境・福祉・経済」の相乗効果

日本の状況について、以前の著書でも書いたことだが、限られた範囲ながら象徴的な例を見ておこう。

私の勤務する大学の近くに稲毛という場所があり、そこには比較的大きな規模の浅間神社という神社があって、脇にせんげん通りという商店街がある。

写真⑥はゼミの学生と一緒に周辺を歩いた時のものだが、残念ながらこの商店街の道路は自動車交通量が非常に多く、神社という、本来ならばこの地域での貴重な社会的・文化的資源や、その脇の商店街のもつ多面的価値——工夫をこらした良質の店も多くある——がほとんど台無しになっている。加えて写真に見られるように道路脇の歩行者通路は非常に狭く、人間は自動車の脇を肩身を狭くして歩くという状態で危険である。先ほど述べたような「座ってゆっくり過ごせる場所」、「コミュニティ空間」といった要素はほとんどない。

これは私の身近な一例だが、このような場所は日本のあちこちに無数にあるだろう。「都市の低炭素化」というテーマは、こうしたごく身近なレベルの課題として対応が図られていく必要がある。

　ちなみに低炭素化とも関連して、いわゆるコンパクトシティ（様々な施設や機能を中心部に集約した都市のあり方）について私が重要と考えるのは、単なるハード面に流れない、いわば〝人間の顔をしたコンパクトシティ〟ともいうべき発想である。つまりここで述べているようなコミュニティや人と人との関係性に関する視点、あるいは広い意味での「福祉」的な視点を導入したアプローチが求められているのではないだろうか。

　完全に自動車中心となり、商店街を含め街の中心部が半ば空洞化しているのが多くの日本の地方都市である。たとえば**写真⑦**はある地方都市の駅前の日曜日の様子だが、何より「道路」が圧倒的

⑥　改善を考えるべき例：道路で分断された商店街や参道（稲毛：せんげん通り）

⑦　典型的な日本の地方都市……道路中心の街と中心部の空洞化（水戸駅前）

な存在感を示しており、日曜日ということもあってか周辺は閑散とし、駅の中はある程度人がいるが、すぐ近くの神社脇の商店街は人通りがない。こうした状況が日本の地方都市の典型的な姿であり、先ほど見たヨーロッパなどの都市の印象とはかなり異なっている。

これらを踏まえ、以上述べてきたことをやや一般化して述べると次のようになる。それは「環境・福祉・経済」という3つの視点との関連であり、ここまでいくつかの例にそくして論じたように、商店街などとともに、中心部に住宅や福祉施設等を計画的に誘導・整備し、道路や自動車交通を大胆に抑制して「歩いて楽しめる」空間構造にしていくことが、

●「福祉」にプラス……「コミュニティ感覚」醸成、ケアの充実、空間格差の是正、〝買い物難民〟減少など
●「環境」にプラス……エネルギー(ガソリン等)消費削減、CO_2排出削減など
●「経済」にプラス……中心市街地の活性化、経済の地域内循環、雇用創出など

という複合的な効果や価値を持つということである。

特に日本の場合は、高度成長期を中心に一貫して「生産」あるいは「経済」ということが強調され、ここで見てきた圧倒的に道路中心の街や地域という状況も、そうした背景から生まれたものである。しかし皮肉なことに、そのように「経済」「生産」優先で行ってきた政策が、他でもなく中心市街地の空洞化や地域経済の疲弊という結果を招いてしまっている。

ここで必要なのは「経済」の意味を再定義していくことであり、本書の中で論じてきたように、

「経済の地域内循環」という視点を中心に、特にそれをローカルな地域の空間やコミュニティと結びつける発想が何より重要だろう。

また、大都市圏－地方都市－農村部の全体を含めて考えると、私はこれからの日本全体の姿として、**「多極集中」**とも呼ぶべきビジョンが重要と考えている。「多極集中」とは、「一極集中」でも「多極分散」のいずれでもない国土のあり方を指す。思えば「一極集中」とその対立概念としての「多極分散」はいずれも高度成長期の産物で、ともに人口の増加を前提とした上での表裏の考えだった。

3節で「ローカル化」という方向について論じたように、今後人々が暮らし生活を営む場所は多極化していくだろう。しかし人口減少時代において単純に〝拡散〟するだけではかえって街や集落が空洞化し、コミュニティの基盤も失われていく。むしろ「多極化しつつ集中する」ような姿が重要であり、それぞれの地域ごとの「極」となる都市や集落そのものは集約的で自立循環的なコミュニティ空間になっていく必要がある。また、そうした方向を促すような財政的支援や公共政策が課題となる（広井〔２０１１〕参照）。

いずれにしても、「コミュニティ経済」と「まちづくり」を融合した発想やアプローチが求められているのである。

7　環境政治の時代——3大政党プラス〝緑〟へ

現在の〝政党乱立〟をどう見るか

2012年12月の衆議院総選挙では民主党、自民党、複数の「第3極」を含め多くの政党が〝乱立〟して半ば収拾がつかない状況となり、どのような基準で政党を選べばよいかという座標軸自体がわからなくなるような状況が見られた。

しかし一方、私が見るところ、枝葉を取り払って大きな状況を把握すると、そこには先進諸国にある程度共通する、「成熟社会における政党構造」とも呼ぶべき構造がおぼろげながら浮かび上がって来ているように思える。

それは一言で言えば「3大政党プラス〝緑〟」と呼べる構造だ。私は以下に述べるように、成熟社会の政党構造は大きくはこうした姿に収斂し、日本もまたその方向に向かっていくべきものであり、今回の選挙はいわばそうした姿に向けた入り口ないし出発点にあたるのではないかと考えている。

もちろん、特に日本の政治状況は、理念や政策よりも〝好き嫌い〟や情緒的なレベルで動く要素が大きく、政党のありようや布置関係が、政治理念やめざすべき社会像と連動しないことが多いのは確かなことである。しかしその点を踏まえた上でなお、理念的に純化した形で政党や政治をとらえ、今後の展望を考えていくことは、現在の日本社会にとってきわめて重要なことと思える。以下そうした内容について考えてみよう。

「3大政党プラス〝緑〟」とは

さて、まず「3大政党プラス〝緑〟」の意味だが、それは端的に次のような政党からなる構造をいう。

① 保守主義政党……伝統的な家族・共同体や価値を重視。
② 自由主義政党……独立した個人あるいは市場経済を重視。
③ 社会民主主義政党……独立した個人プラス公共性（政府による再分配等）を重視。
④ 〝緑〟ないし環境政党……環境保全（やローカルなコミュニティ）を重視。

これらについて簡潔に説明すると、①の保守主義政党とは、伝統的な家族や共同体ないし価値を重視するもので、日本ではひとまず自民党が挙げられる。ただし、今「ひとまず」という距離を置いた表現を使った理由でもあるが、そもそも「保守」とは何かについては次のような意味で大きな注意が必要だ。

すなわちヨーロッパなどでの保守主義は、英語の conservatism という言葉が示すように、文字通り「保守＝保全 conservation」に基本的な価値を置く理念である。したがってそれは、自然保護や歴史的な街並みの保全など、他でもなく「環境保護」と親和的な考えなのである。実際、ヨーロッパにおける環境政策は保守主義政党が主導して取り組んだケースが多い。

こうした観点からすると、経済成長を第一義にかかげ道路整備やダム建設に邁進した戦後日本の自民党は、〝開発主義〟ではあっても保守主義とはおよそ異なるとも言える。さらには、〝親米主義〟が追求されたというのも(「保守」の本来の意味からして)奇妙な現象であり、戦後日本における保守主義はこうした幾重もの「ねじれ」を含んでいることに注意する必要があるだろう。

次に②の自由主義だが、これは「独立した個人」そして文字通り「(個人の)自由」に基本的な価値を置く考えで、経済的には市場経済(ないしそこでの自由放任)を重視し、したがって「小さな政府」を志向する理念である。

近年の日本での一番わかりやすい例は〝小泉改革〟であり、小泉氏が〝自民党をぶっ壊す〟と言ったのはその限りでは筋が通っていた(保守主義政党の内部から生まれた自由主義)。そして今回の選挙では、「みんなの党」や(太陽の党と合流する前の)「維新の会」がこれに近いと言えるだろう。

③の社会民主主義は、「個人」(ひいては市場経済)を基本にすえるという点では自由主義と共通するものの、それだけでは様々な格差や環境破壊などが生じるので、政府ないし公的部門が積極的に関与し、社会保障等による再分配や環境保護規制等を行うことを重視する立場だ。①の保守主義が「共助」重視、②の自由主義が「自助」重視とすれば、社会民主主義は「公助」重視と概括することもできる。

同時にこの社会民主主義は、残念ながら日本ではなかなか定着しない、〝人気のない〟政治理念である。「日本では」と述べたのは、ヨーロッパにおいてはこの社会民主主義が大きな勢力をもち、2大政党（ないし3大政党）の一翼をなしていることとの対比においてである（具体的にはドイツや北欧の社会民主党、イギリスの労働党など）。

もう一言付け加えれば、日本と並んで社会民主主義に人気がないのがアメリカであり、この点において日本とアメリカは似た面をもっている。日本とアメリカの「民主党」は、市場経済への自由放任ではなく公的部門の一定以上の役割を重視する（社会保障などの再分配や各種規制など）という点では相対的に社会民主主義に類する性格を持っているが、かなり限定的な範囲にとどまっている。つまるところ、ヨーロッパに比べて〝高福祉・高負担〟的な方向への抵抗が強いのがアメリカと日本である。

「リベラル」の意味をめぐる誤解

実はこの点は、「自由主義」という言葉の意味をめぐるアメリカとヨーロッパの根本的な違いとも関係している。

自由主義は英語で言えば「リベラリズム liberalism」だが、その内容は、アメリカとヨーロッパにおいて正反対の意味で使われているのである。すなわち、ヨーロッパの場合、自由主義は文字通り「個人の自由」を最重視する考えであり、先ほど②の自由主義政党のところでも述べたように、市場経済を重視し「小さな政府」を志向する立場となる。

これが本来の意味の「自由主義」なのだが、アメリカにおいては、周知のように「リベラル」は「保守」と対照される概念で、（共和党に対する民主党のように）むしろ格差の是正や公共事業などのために政府が積極的な政策や介入を行う立場――したがってその限りでは相対的に「大きな政府」を志向する立場――に相当する。

日本では意識されることが少ないが、このように「自由主義 liberalism」の意味内容はアメリカとヨーロッパで全く異なっているのである。その一つの背景は、ヨーロッパでは広く浸透している「社会民主主義」の政治理念が、「社会主義」を連想させる面をもっていることもあってアメリカでは受け入れ難く、そうした中で（19世紀後半から）「リベラル」の意味が変容し、市場経済に対して政府が一定の介入や是正を行う立場（ヨーロッパの文脈では社会民主主義的な理念）までを包含するようになったという歴史的経緯にある。

ちなみに、アメリカの政治哲学での独特の語法である「リバタリアニズム（自由至上主義）」という言葉があるが、これはアメリカにおいて以上のように「リベラリズム」の意味が変容していったため、逆に（本来の意味の自由主義に相当する）新たな用語を作る必要が生じたためである。

「3大政党プラス〝緑〟」をめぐる海外の状況

議論が錯綜してきたのでここまでの議論を整理しよう。これからの日本を含め成熟社会の政治が向かっていく「3大政党プラス〝緑〟」のうち、以上は「3大政党」の部分について、それを「保守主義－自由主義－社会民主主義」という3つの政治理念にそくして述べたことになる。そしてこのトライアングルに対して、いわば第四の政治理念として〝緑〟がクロスしていくという姿が先進諸国ないし成熟社会における政党の基本構造である、というのが本節の議論の中心となる。

このことを若干の具体例にそくして見てみよう。日本ではほとんど話題になることのない事実なのだが、実は興味深いことにイギリスにもドイツにも「自由民主党」という名の政党がある。これはその名が示すとおり、先の②の自由主義に対応する、市場経済重視あるいは「小さな政府」志向の政治理念を掲げる政党で、実質的に〝第3極〟的な存在となっている。

つまり、イギリスにおける保守党（＝保守主義）と労働党（＝社会民主主義）、ドイツにおけるキリスト教民主同盟（＝保守主義）と社会民主党（＝社会民主主義）は日本でもよく知られているが、そうした保守主義政党と社民主義政党の〝間〟に、自由主義ないし「小さな政府」を掲げる第三の政党が存在するわけである。これは大きく言えば、日本における自民党と民主党に対し、今回の「維新の会」のような〝第3極〟が出てきた構造とある程度類似した面をもっている。

加えて、イギリスとドイツいずれにも環境保全ないしエコロジーを基本理念に掲げる「緑の党」が存在し、周知のようにドイツでは地方・連邦政府レベルを通じて大きな勢力となっている。したがって、これらの全体をまとめるとイギリスやドイツの政党の基本構造は概ね**表**のようになる。

日本はこうした理念的に明確な姿からはなお遠いが、あえて日本の状況も表に併記してみよう。こうした「理念型」にそくした視座で日本の政治状況を見ることで、現在の日本の各々の政党が、本来の姿からいかに〝ずれて〟いるかや、一貫したものにするためにはどのような政策を主張すべきなのかが浮かび上がってくると思われる。

	重視する価値	イギリス	ドイツ	(日本)
①保守主義	伝統的な家族・共同体 【共助】	保守党	キリスト教民主同盟(CDU)	自民党
②自由主義	個人の自由〜市場経済 【自助】	自由民主党	自由民主党(FDP)	みんなの党 維新の会
③社会民主主義	個人の自由プラス公共性 【公助】	労働党	社会民主党(SPD)	民主党?
〝緑〟	環境保全ないしエコロジー	緑の党	緑の党	日本未来の党?

表 「3大政党プラス〝緑〟」の構造

イギリスとドイツの例を示したが、ヨーロッパの状況は多少のバリエーションがあるものの概ねこうした構図に収まっている国が多い(正確には以上の「3大政党プラス〝緑〟」に加えて、共産党などを含む最左派と、極端なナショナリズムなどの極右政党が存在する)。

なおアメリカについては、緑の党と呼ばれる組織は存在するものの、その存在感はヨーロッパに比べれば格段に小さい。私はアメリカに暮らした際に痛感したが、基本的にこの国はなお圧倒的に〝拡大・成長〟そして大量生産・大量消費という志向の強い国であり(加えて圧倒的な「自動車中心社会」である)、環境保全に関する個別の様々な取り組みは存在するが、ヨーロッパとは到底比べられないレベルのものである。

政治理念の進化——「3大政党プラス〝緑〟」のダイナミクス

「3大政党プラス〝緑〟」という状況についてドイツ・イギリスなどの例を引きつつ述べたが、しかし以上の記述はやや〝静的〟であり、なぜこうした政治理念が経済社会の変動の中で生成してきたのかという、そのダイナミックな構造を浮き彫りにする説明にはなっていない。この点をさらに考えてみよう。

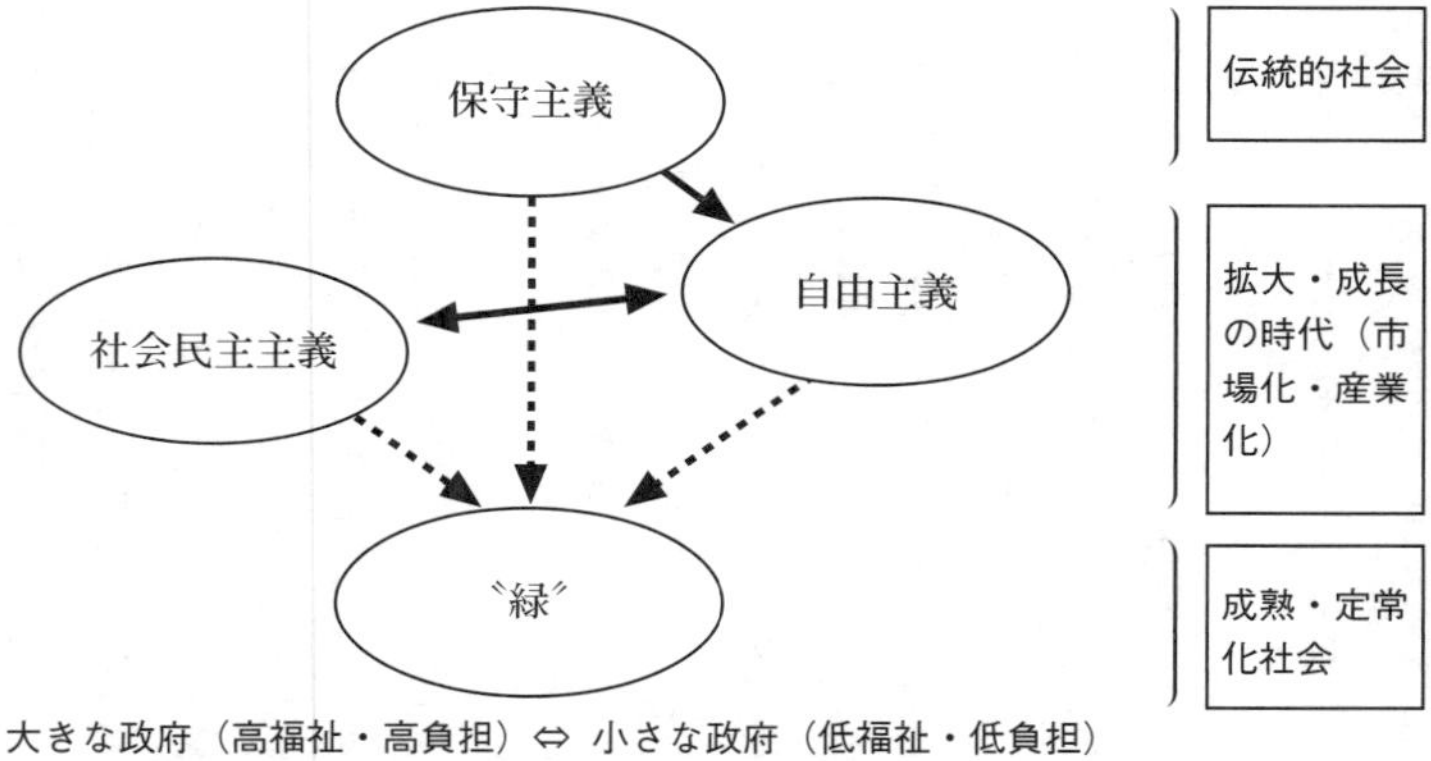

図　「3大政党プラス〝緑〟」をめぐる歴史的ダイナミクス

図はそうした動的な構造を示したものである。簡単に説明すると、まず最初に存在するのが「保守主義」である。これは農業社会を基盤とし、先ほども述べたように伝統的な価値や家族・共同体を重視する考えだ。

ところが、近代以降、市場経済あるいは個人の自由な経済活動が大きく発展する時代となり、まさにそうした「個人の自由」や市場経済に軸足を置く政治理念が登場する。これが「自由主義」に他ならない。しかしそうした市場経済が展開していくと、その負の側面として、格差の拡大や環境破壊などが生じる。

そうした弊害を、政府ないし公的部門によって積極的に是正する考えとして浮上するのが「社会民主主義」となる（正確には、そうした方向を鮮明に打ち出したのは「社会主義」であり、社会民主主義はある意味では「自由主義と社会主義の」折衷的な理念でもあった）。

しかし話はここでは終わらない。実は以上の自由主義と社会民主主義は、前者が「小さな政府」志向、後者が「大きな政府」志向である点では対照的だが、両者ともに「経済成長」ということを重視する点では共通していたのである（図参照）。

この点そのものを問い、経済成長よりも環境保全に軸足を置き、また（近代的な）「個人の自由」や市場経済を相対化し、ローカルなコミュニティそしてエコロジー的な理念を提起する政党が、経済の成熟化の中で登場する。これが言うまでもなく〝緑〟である。

〝緑〟の意味と日本の状況

ここで重要なのは、日本では見えにくい点なのだが、実は〝緑〟は（「近代的」な理念に懐疑的であるという点や、コミュニティを重視するという点において）保守主義と親和的な側面をもつということである。

これは本節の初めに、本来の保守主義は「保全conservation」に価値を置く理念であると述べたことと符合する。ただし正確には、保守主義が「古い（伝統的な）共同体」に価値を置くのに対し、〝緑〟はいわば「新しいコミュニティ」、つまり個人が独立しつつゆるやかにつながるという、より都市的なコミュニティを志向している。この限りで、〝緑〟は自由主義の要素も含んでいることになる。

さらに、ドイツを始めヨーロッパにおいて顕著なように、〝緑〟はもともと「左派」から出てきた理念であり、社会民主主義と一定のつながりを持っている。実際、ドイツでは1998年に社会民主党と緑の党の連立政権が生まれ、〝赤と緑の連立〟と呼ばれるとともに、エコロジー税制改革と呼ばれる、環境政策と社会保障政策を融合させるような政策を展開していった。

以上のように、実は〝緑〟は保守主義・自由主義・社会民主主義の要素を新たな形で総合したものという側面を持っているのである。

つまり〝緑〟は、単にそれだけが独立して出てきた政治理念というよりは、経済の限りない拡大・成長という時代が終わり、従来の（保守主義・自由主義・社会民主主義という）トライアングルを支えた構造そのものが変容する中で、そのいずれでもない、成熟社会ないし定常型社会にふさわしい新たな理念として生成したと言える。同時に実質的には、そうした従来の3つの政治理念が経済の成熟化・定常化の中で〝融合〟していくその先に、必然的に浮上した理念とも言えるだろう。

さて、以上のような視点から見ると日本の現状はどのように評価できるのか。

先ほどの衆院選で「日本未来の党」を率いた滋賀県の嘉田由紀子知事は、大きくは〝緑〟の系譜に連なる人物であり、こうした「環境」を理念の軸にすえた政党が国政の前面に浮上してきたことは、その内実や評価は別としても、明らかに大きな前進、あるいは日本社会が成熟社会へと移行しつつあることの象徴的展開と言うべきである（ちなみに日本でも以前から〝緑〟関連の様々な動きがあり、また「緑の党」が2012年に結成されたが、13年の参院選をターゲットにしており2012年末の衆院選には出ていない）。

しかし一方、「未来」のグループが小沢一郎氏率いる「国民の生活が第一」と合流したことは奇妙というほかなかった。小沢氏はむしろ公共事業や〝拡大・成長〟路線の典型であり、およそ

〝緑〟とはかけ離れたものだからである。唯一接点があるとすれば、分権的な志向あるいは「共助」重視という点で両者が一定の共通性をもつということになるかもしれないが、基本的な理念の違いは否めない（実際、選挙後に両者は分裂することになった）。

以上は〝緑〟に関連する部分だが、「3大政党」に関しても、現在の日本のそれは、各党が（保守主義・自由主義・社会民主主義のような）明確な理念に対応したものに至っていない。しかしながら、比較的自由主義に近く、市場経済ないし「小さな政府」を掲げる「維新」のようなグループが明瞭な形で大きく浮上してきたこと自体は、理念の明確化そして「3大政党」構造へのシフトという点で、プラスに評価してよいと私は考える。

この点に関しては、実は民主党にはもともと自由主義（ないし市場経済重視）に近い人々が多く存在してきたわけだが、逆に「維新」のような政党が現れることで、自由主義に近い人々はそちらに移り、民主党はむしろヨーロッパの社会民主主義に近い政党として〝純化〟していくのが望ましく、かつ理にかなっていると言えるだろう。

成熟社会の政治構造へ

本節の主張をあらためて述べると、先進諸国あるいは成熟社会の政党構造は「3大政党プラス〝緑〟」に収束していく。ヨーロッパは既にそうなってきており、日本もまたそうなっていくはずである。そして2012年末の総選挙は、一見すべてが乱立し混乱しているようにも見え、実際そうした面もあったが、しかし「3大政党プラス〝緑〟」への方向が、「維新」及び「未来」の登場によって、おぼろげながらも浮かび上がってきたというポジティブな面ももっているのだ。

かつての経済成長あるいは「パイの拡大」の時代と異なり、選挙あるいは政治で問われるのは「価値の選択」である。つまり、従来のような「経済成長がすべての問題を解決してくれる」という状況ではなく、言い換えれば〝みんなが得をする〟ような単純な解決策や「唯一の正しい選択肢」があるのではなく、そこには分配の問題が関わり、またどのような社会を望ましいと考えるかの「理念」や「価値」の選択という要素が中心となる。

したがって、それぞれの政党がマイナスや負担の面も含めて各々の理念と政策を示し——たとえば「小さな政府」を掲げる政党は税金は低くなるが公的な福祉は少ないとか、逆に「大きな政府」を掲げる政党は福祉は手厚いが税の負担は大きくなるなど——、その中から個人一人一人が自らの「価値」判断に基づいて選択できるということが何より重要となる。

そのことを、「3大政党プラス〝緑〟」という構造とともに明確に確認することで、成熟社会の豊かさに向けた歩みが展開していくことになるだろう。

8　緑の福祉国家あるいはエコソーシャルな資本主義

社会構想への若い世代の関心

私は大学で「社会保障論」という通年の講義を担当しており、また3年生と4年生向けの少人数のゼミナールを受け持ち、そこではより広くこれからの社会の構想や、そのベースとなる思想や理念、人間理解などに関するテーマを取り上げている。

こうしたことを続けて15年以上になるが、私がずっと感じてきたのは、現在の学生ないし若い世代の中には、「望ましい社会」の構想や、そうした価値判断を行うにあたっての哲学、あるいは人間についての探求といったテーマ、ひいてはそれを具現化するための、たとえば社会起業家やソーシャル・ビジネス、あるいは地域再生やコミュニティ活性化等々といった話題に対して、強い関心を持つ者が非常に多いということである。

こうした学生や若者の関心の方向は、興味深いことに、現代の社会における先駆的な動きとシンクロナイズしているように見える。

たとえば本書でも既に言及してきたブータンの掲げる「GNH」をめぐる議論は、2011年秋に同国の国王夫妻が来日したこともあって様々に話題になり、国連でも取り上げられている。またフランスのサルコジ大統領の委託を受けて、ノーベル経済学賞を受賞したスティグリッツやセンといった経済学者が、２０１０年に「ＧＤＰに代わる指標」に関する報告書を刊行したが（*Mismeasuring Our Lives: Why GDP doesn't add up*）、こうしたテーマ――どのような社会が「真に豊か」と言え、またそのためにどのような対応や政策がなされるべきか――に関する学生の関心は高く、ゼミでも様々な角度からの興味深い発表が行われる。このことの基本的な背景の一つは、従来のように、経済成長あるいはＧＤＰが増加すれば人々は幸せになれるといった〝単純な時代〟ではなくなっているという感覚が、若い世代の間で共有されているという時代の状況だろう。

以上のような身近な話から始めたのは、政府や政治の世界を中心に行われてきた「社会保障と税の一体改革」をめぐる議論が、そうした大きな社会構想や理念といった次元から、ほとんど乖離した形で展開していることへの疑念からである。

どのような社会保障や税をデザインするかという話は、文字通り〝国のかたち〟を決めるもので、本来「望ましい社会の構想」やそのベースとなる哲学・思想と〝一体〟に議論されるべきものではないか。上記のような関心をもった学生や若い世代であっても、政治の舞台で行われてきた社会保障・税の議論にあまり興味を示さないのは、そのような点が原因の一つにあるように思われる。

もう1点付け加えると、社会保障や税の議論において、哲学あるいは原理・原則に関する議論が不可欠なのは、それが「分配の公正」に関するものだからである。高度成長期には、社会全体のパイが持続的に拡大し、人々の取り分ないし所得が増加を続けたから、日本社会あるいは日本人はただ〝損得〟という物差しだけで物事を考えれば事足りた。いわば〝成長が分配の問題を解決〟してくれたのである。

現在（正確には1990年代頃以降）はそのような時代ではない。そうしたパイの拡大がない時代に、「何が公平か、平等か、公正といえるか」といった原理・原則を論じることなく社会保障や税に関する議論を続けていれば、それは〝限られたパイの奪い合い〟となって紛糾を続けるか、あるいは結論を先送りして将来世代にツケをまわし続けるかのいずれかである。

すでにそうなりつつあるのが現在の日本ともいえるが、しかし希望的観測を含めて述べれば、上述のように少なくとも一定の世代以下においては、成長が分配の問題を解決してくれるといった幻想はなくなっているし、また、たとえば2010年にマイケル・サンデルの『これからの「正義」の話をしよう』がベストセラーになったように——同書のかなりの部分は実は社会保障に関するものである——、分配の公平や公正といったテーマに関する人々の関心は（少なくともかつてに比べ）高まっていると思われる。

社会保障と税をめぐる議論は、まず何より以上のような視点や文脈の中に位置づけられるべきではないだろうか。

「生産過剰」時代の富の分配とは

さて、社会保障や税の内容に関する議論の手がかりとして、**図1**を見ていただきたい。これは日本における失業率の推移をいくつかの年齢階級別に見たものだが、特に近年において、10代後半から30代前半の若者の失業率が、高齢世代のそれよりもかなり高いことが顕著になっている。また、

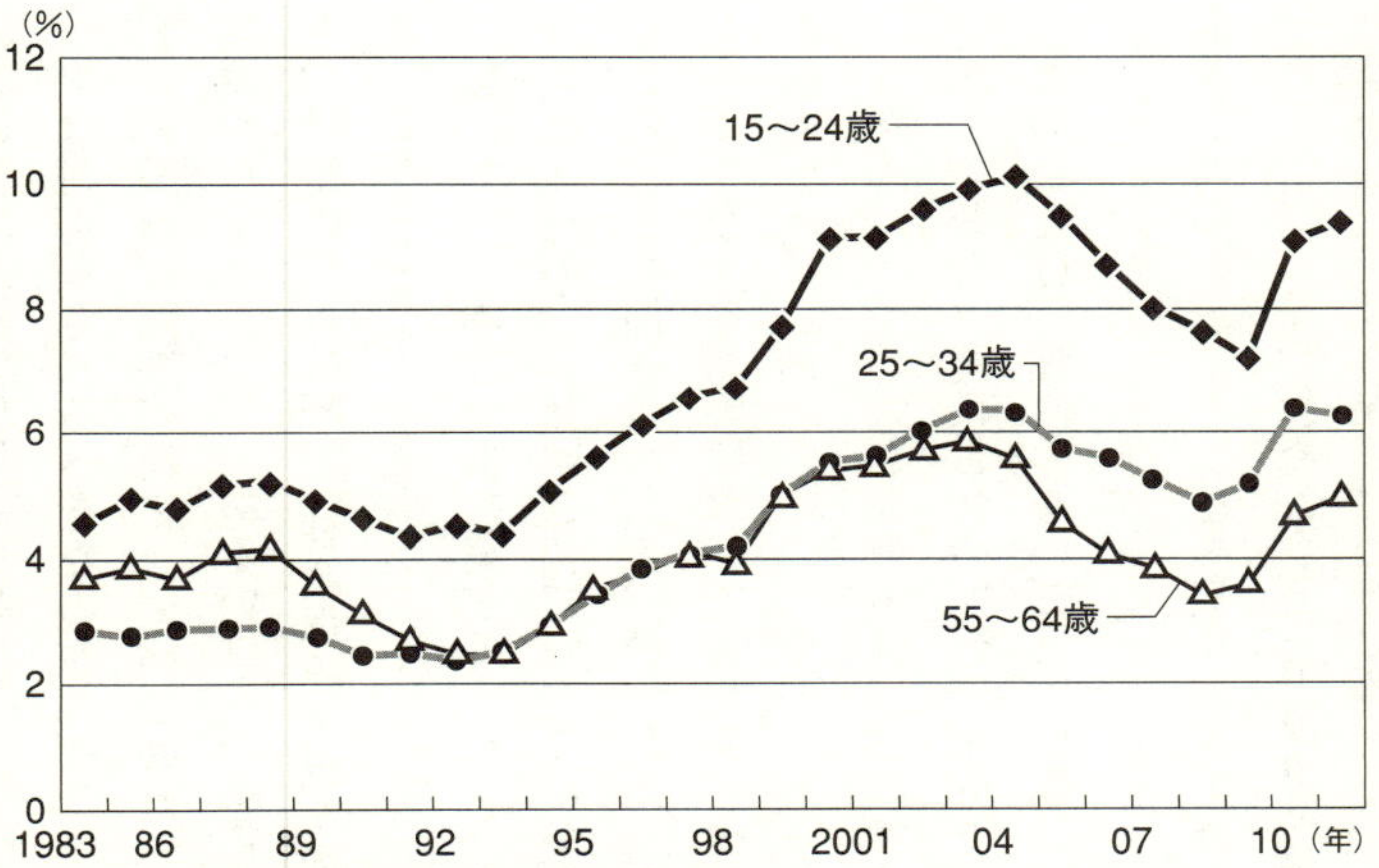

図１　年齢階級別失業率の年次推移

（出所）労働力調査より作成

かりに職についているとしても（つまりこの図での失業率には入っていなくとも）、非正規や低賃金で働いている者が多く存在する。

このことは、日本に限った現象ではなく、先進諸国に共通する事態であり、２０１１年来のヨーロッパやアメリカでの様々なデモや抗議行動等は、他でもなくこうした状況に連動した動きだった。

では、なぜそもそもこうした状況（若者を中心とする慢性的な失業率の高さ）が生まれるのか？

そうした根本原因に関する議論が十分なされていないが、私自身の理解では、もっとも根底にあるのは、現在の先進諸国においては、モノがあふれ人々の物質的な需要が飽和する中で、構造的な「生産過剰」という状況が浸透している点である。

こうした状況においては、かつてのように〝雇用の総量が拡大を続ける〟という前提が成り立たないため、雇用は「いす取りゲーム」のような事態となり、結果として、雇用市場の入り口に立っている若者に大きなしわ寄せが及ぶことになるのだ。

では何がなされるべきなのか。ここでは、「富の総量」に関わる問題（生産の過剰）と「富の分配」に関わる問題が絡まっているのだ。したがって究極的には、①「過剰の抑制」（＝労働時間の削減やワークシェア、あるいは人が主体の労働集約的分野〔福祉、教育など〕への人材シフト等）と、②富の「再分配」（社会保障や税を通じてのもの）を統合的に進めていくというのが基本になる（広井〔２０１１〕参照）。

加えて、③本書の中で論じてきたような、地域の中でヒト・モノ・カネが循環するような「コミュニティ経済」を発展させていくことが大きな鍵になるだろう。

このことを押さえた上で、ひるがえって日本での社会保障と税の一体改革の議論を見た場合、以上のような先進諸国において現在進行中の課題群が十分に扱われていないという印象を強くもたざるをえない。

なぜか。一つの大きな理由は、日本での社会保障をめぐる議論が、なお圧倒的に〝高齢者中心〟であり、若者や現役世代の問題に十分な位置づけが与えられていないことにあるだろう。

このことは、理由のないことではない。日本の社会保障給付費は既に１００兆円を超える規模になっているが（２０１０年度で１０３・４兆円）、社会保障全体の半分以上（50・7％）は年金であり（同年度）、また介護や高齢者医療などを含めた高齢者関連の給付は社会保障全体の約7割（68・7％）を占めている（２００９年度）。また大きく言えば、〝年金、介護、高齢者医療について論ずれば、社会保障について論じたことになる〟というのが従来の発想であり、このことは、財政的規模という観点から見る限り現在も確かにあてはまる。

「人生前半の社会保障」の議論をもっと

しかし、そうした「社会保障＝主として高齢者に関するもの」という発想や議論の枠組み自体を根本から変えていく必要があるのではないか。言い換えれば、若い世代がもっと関心がもてるような社会保障の議論をしていくべきではないか。

その理由の第一は、「成長の時代」においては、生活上のリスクはほとんど退職して以降の時期（＝高齢期）に集中していたが、現在のような経済の成熟期においては、先ほど失業率のグラフを見たように、生活リスクが広く「人生の前半」に及ぶようになっているからである（むしろ失業リスクは若者のほうが高い）。

第二に、所得や資産の格差が親から子へとバトンタッチされていくため、それが累積し、現在の日本においては、人生の初めにおいて個人が〝共通のスタートライン〟に立てるという前提が大きく崩れつつあるからである。

先ほど、「若い世代がもっと関心がもてるような社会保障の議論」をすべきと述べたが、裏返して言えば、現在、若者の国民年金の納付率がきわめて低い（25－29歳の納付率は46・6％に過ぎない〔2010年度〕）のも、現在の年金制度への不信や雇用状況の不安定さと並んで、社会保障をめぐる議論への「参加」の感覚がもちにくいという状況があるのではないか。こうした意味でも、社会保障の議論は主に高齢者関連のものという状況を変えていく必要が大きい。

ところで、子どもや若者、現役世代に関する社会保障を、私は「人生前半の社会保障」と呼んできた（広井〔２００６〕参照）。それを国際比較したのが図2で、日本の低さが目立っている（社会保障全体が小さいアメリカよりも低い）。

また、人生前半の社会保障あるいは個人の「機会の平等」の保障において、決定的に重要な役割を果たしているのは教育である。

これについては、先進諸国（ＯＥＣＤ加盟国）の中で、ＧＤＰに占める公的教育支出の割合が日本は31か国中最低であること（２００９年）や、特に就学前と高等教育期において、教育における私費負担の割合が日本では大きいことが指摘されてきた（高等教育期についてはＯＥＣＤ平均30・0％に対し日本は64・7％。OECD, *Education at a Glance 2012*）。

しかしこうした教育に関する議論は、社会保障と税の一体改革の議論ではほぼ全くふれられていない。

たとえば２０１２年初めに公表された政府・与党の「社会保障・税一体改革素案」では、「未来への投資（子ども・子育て支援）の強化」ということが冒頭でかなり強調されているにもかかわらず、教育についての言及がないのは奇妙としか言いようがない。この最大の背景は、社会保障と税の一体改革案が実質的に厚生労働省・財務省を事務局として策定されているという、省庁の縦割り（あるいは政治の縦割り）である。しかし人生を通じた個人の生活保障や再分配のあり方、「平等」の意味を論じるには、教育を抜かすことは不合理だろう。

若者の失業の問題とも関連するが、高等教育に関し、フィンランドにおいては「すべての市民に

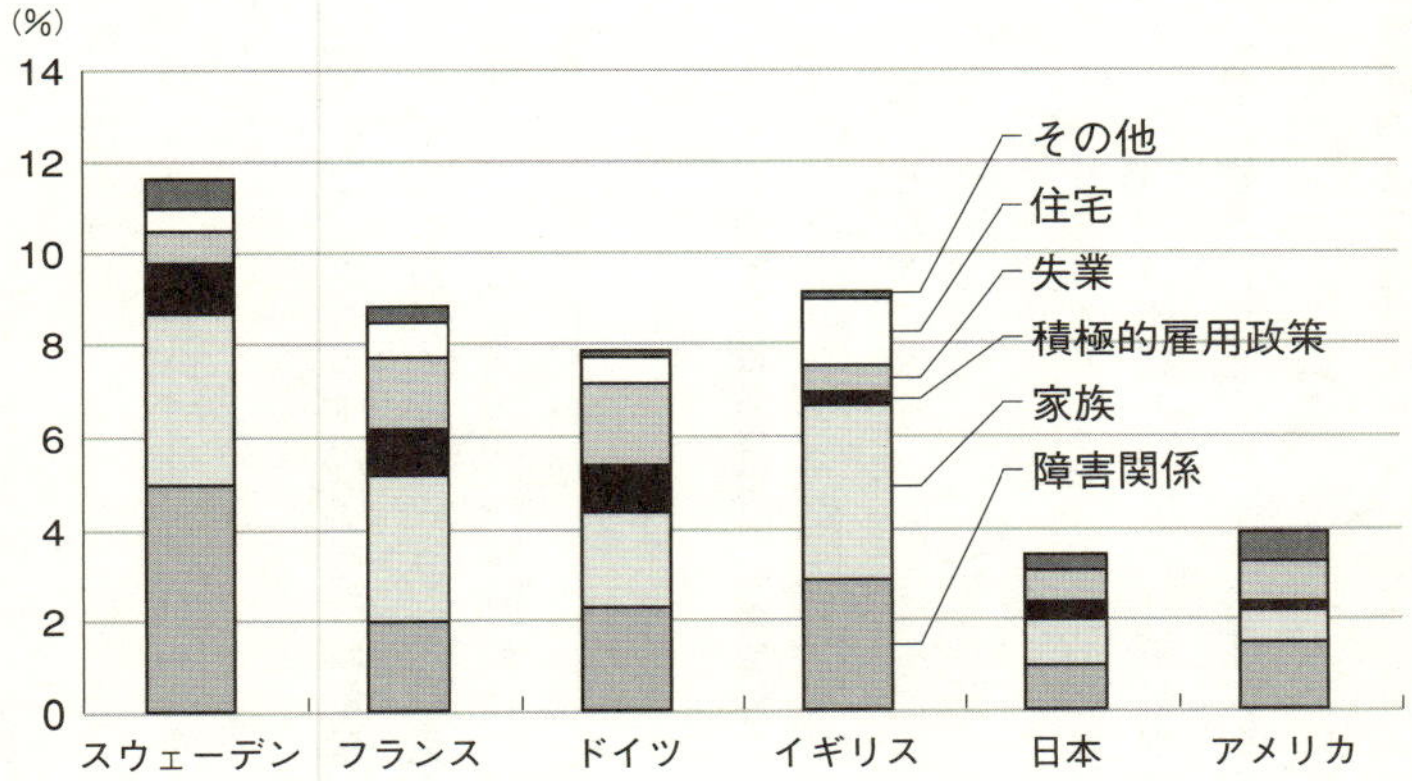

図２　「人生前半の社会保障」の国際比較（対ＧＤＰ比、2009年）
（出所）OECD, Social Expenditure Database.より作成

対する社会保障、無料の学校教育等によってもたらされる市民のしあわせと社会の安定は〝特許のないイノベーション〟」という興味深い理念のもとで、大学の学費が無料であることに加え、大学生に対して月額最大８１１ユーロ（約10万円）の「勉学手当」を支給している（最高55か月。ＧＤＰの約２％に相当）。

重要なことは、これにより20代前後におけるいわば〝仕事と教育（あるいは社会と大学）の往復〟が可能となることだ。

私はこれまで、現代においては平均寿命が大幅に伸びているのだから、高齢者について「前期高齢者・後期高齢者」ということが言われるのと全くパラレルに、「子ども」の時期も大幅に長くなっていると考えるべきであり、「前期子ども（生まれてから15歳ないし思春期頃まで）」と「後期子ども（15歳頃から30歳頃まで）」という具合に見ていくべきであるとの主張をしてきた（広井

〔2006〕)。この「後期子ども」の時期は、「学ぶ・遊ぶ」と「働く」の複合的な準備期間と考えられるだろう。

しかし日本においては、この「後期子ども」に対する支援が半ば〝空白〟状態に置かれているのである。

上記のフィンランドのような政策は、従来の日本的な発想では〝若者を甘やかしている〟とも批判されそうな政策だが、こうした政策が失業率を下げ、また機会の平等に寄与すると同時に、長い目で見て、むしろ創造性や経済という観点からもプラスの意義をもったものになるのではないだろうか。

「ストックに関する社会保障」の重要性

「人生前半の社会保障」としての教育の重要性について述べたが、社会保障と税の一体改革の議論で、教育と並んでもう一つほとんど抜け落ちているのは、「住宅」などストックの保障に関するテーマである。

東日本大震災の関連でも住宅保障の重要性が様々な形で注目されたが、高齢者にとっても、また若者や子育て世帯にとっても住宅の保障がきわめて切実な課題となっている。実際、本書の中で既にふれたように、私が2008年に全国の市町村及び都道府県に対して行った「土地・住宅政策に関するアンケート調査」では、大都市圏において「高齢者や低所得者等に関する住宅の確保」は重要課題の第1位となっていた。

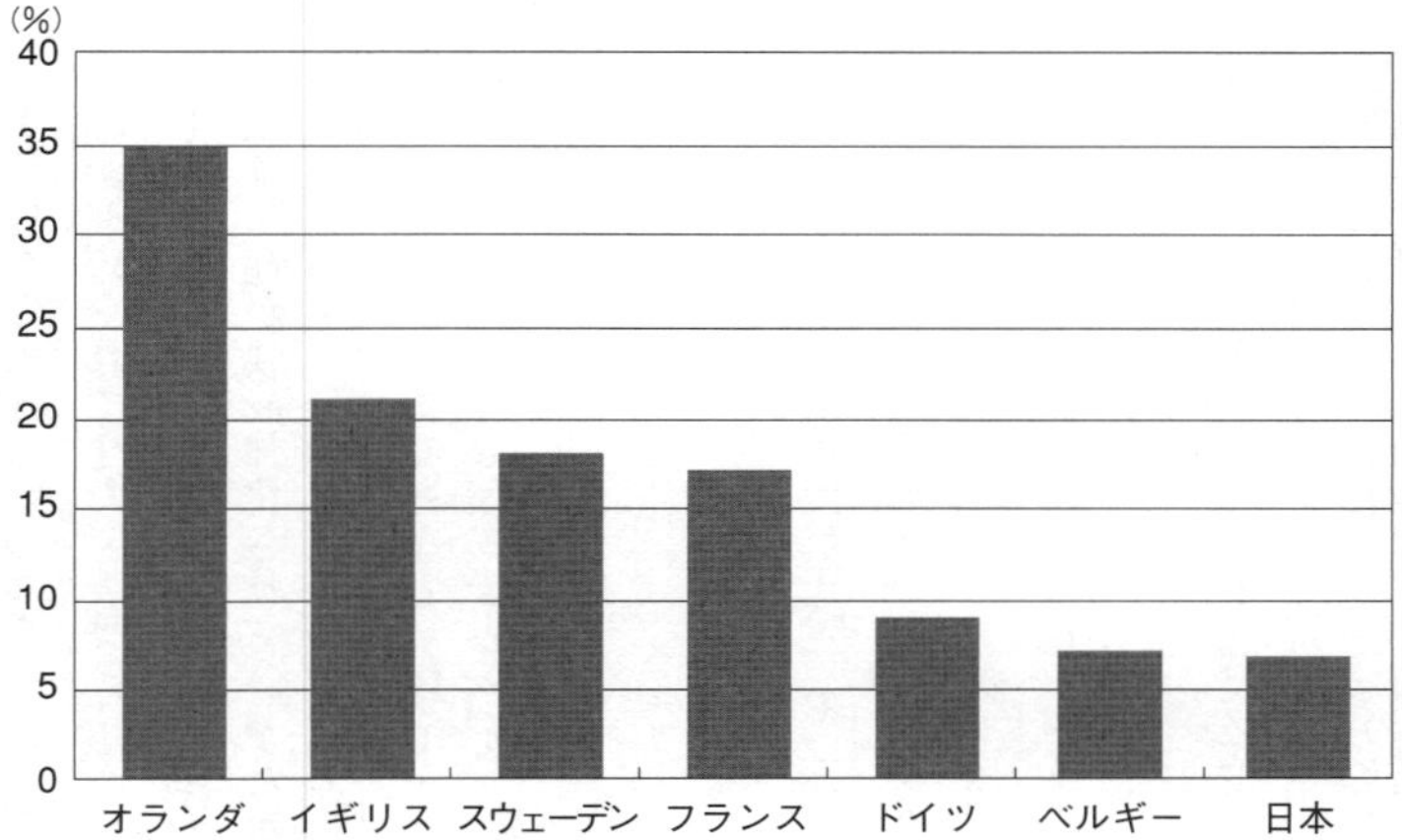

図3　社会住宅の割合の国際比較

（注）数字（%）は社会住宅の全住宅戸数に占める割合。海外についての堀田祐三子「ヨーロッパの社会住宅制度と日本の可能性」、日本住宅会議編（2007）所載。年次は主に2002年。日本については総務省統計局「住宅・土地統計調査」2003年。

ここで重要なのは次のような視点である。

社会保障というと、これまでそれは基本的に「フロー」、つまり年金などの現金給付や介護などサービス給付に関するものと考えられてきた。しかし高度成長期と異なり、現在のようにフローの拡大がほとんど見られない時代においては、「ストック」つまり資産の分配をどうするかが重要な課題として浮上してくる。

そして興味深いことに、経済格差の度合いを示すジニ係数を見ると、実は所得のジニ係数よりも金融資産や現物資産（土地・住宅）のジニ係数のほうが大きいのである（広井〔２００９b〕参照）。

したがって今後は「ストックに関する社会保障」やその分配というテーマが重要性を増していくだろう。

しかし日本の場合、いわゆる小泉改革以降、公営住宅や公団住宅など公的住宅を削減する方向での対応が進められてきた。「社会住宅（ソーシャル・ハウジング）」の整備を福祉国家政策の大きな柱としたヨーロッパに比べ、日本の場合はもともと公的住宅の比重が小さかったが（かつ土地所有の〝私権〟性が戦後強化されていったが）、現在ではそうした傾向が一層顕著になっている（社会住宅ないし公的住宅のシェアに関する**図3**参照）。

あらためて言うまでもなく、住宅などのストックは人が様々な活動を行ったり生活を営む上での基盤であり、しかも近年の不況や高齢化、若者の失業率の高まりの中で住宅保障は新たな重要性を持ってきている。「ストックに関する社会保障」という発想が求められているのである。

「医療・福祉重点型の社会保障」へ

以上、「人生前半の社会保障」や「ストックに関する社会保障」という新たな課題について述べたが、いわば従来からのオーソドックスな社会保障の領域である医療や年金についてはどうか。

社会保障と税の一体改革の大綱では、医療保険や年金について、給付の拡充や削減を含む様々な個別の改革案が列挙されており、個々には評価できる点もあるが、しかしもう少しそれら各論のベースにある、全体的なビジョンや考え方が示されるべきではないか。つまり、社会保障の様々な分野のうち、どの部分はしっかりと公的に保障されるべきであり、逆にどの部分は私的な領域に委ねられてよいかという、「公私の役割分担」に関する基本論である。

この点に関し、私自身は、今後の社会保障の方向は基本的に「医療・福祉重点型の社会保障」とも呼ぶべき姿が望ましいと考えてきた（広井〔1999〕）。すなわち医療や福祉の分野については、自分がいつどのような病気になり、それにどのくらいの医療費がかかるかといった予測はきわめて困難であり、またそうしたリスクの個人差も大きく、できる限り公的に保障されることが望ましい。

今回の一体改革では直接議論の対象にはなっていないが、医療に関して私がもっとも危惧している点の一つは、いわゆるTPPの関連で、「混合診療拡大」への圧力が一層強まり、そうした方向がなし崩し的にとられ、〝医療保険のアメリカ化〟が進んでいくことである。

混合診療（一連の診療行為において一部のみを公的保険の対象とし残りを保険対象外とすること）は、小泉政権下においてその〝解禁〟の方向が徐々に進められてきた。実際、たとえば入院時に部屋代が有料となる「差額ベッド」は全病床の2割程度まで拡大しており、首都圏では差額ベッド代が一日1万円を超えることは珍しくない。

そして意外に知られていない点だが、こうした保険外医療費は、いわゆる高額療養費制度（公的医療保険の自己負担に月当たりの上限を定めるもので、原則月当たり約8万円）の対象外であり、したがって自己負担額の〝天井〟が存在しないのである（「社会保障・税一体改革素案」では高額療養費の年間負担上限の設定等についての検討が挙げられているが、保険外負担については言及がない）。

こうした私費医療の拡大は、公平性の観点はもちろん効率性の観点からも問題が大きく（医療分野においては〝市場の失敗〔この場合は、医療の提供者側と受け手の間で情報や知識の差があるため、サービスの価格の妥当性を受け手が判断することが難しいこと〕〟が起こりやすいので、アメリカがそうであるように医療費が無際限に高騰する）、こうした保険外医療費の拡大に歯止めをかける措置を積極的に示すべきではないだろうか。

他方、年金についてはどうか。私は、あえて単純化して言えば、現在の日本の年金制度は〝年金が十分行くべきところに行っておらず、逆にさほど行かなくてもよいところに給付されている〟状況にあると考えている。

前者については、国民年金ないし基礎年金は満額（40年加入）で約6万6千円だが、現実にはたとえば女性の平均受給額は4万円台で、それより低い層も多く存在する。実際、日本では65歳以上の女性の相対的貧困率が約2割で、単身者では52％に上るという事実が２００９年の内閣府集計で示された。つまり現在の年金制度では、高齢者の基礎的な所得保障という役割が十分果たされていないのである。他方で、2階部分の厚生年金は「報酬比例」の制度であるため、高所得者ほど高い年金を受けることになる。

そもそも年金というものが果たすべき役割は何か。

これには大きく二つあり、「すべての高齢者に一定以上の生活を平等に保障する」という役割と、貯蓄ないし保険的な機能つまり「現役時代に払った保険料が退職後に戻ってくる」という役割が存在する。私は公的年金が果たすべきもっとも重要な役割は前者であり、したがって基礎年金は現在よりも厚く強化し、かつそれは税によって賄われるべきものと考える（これにより保険料の未納問題も解決する）。

逆に、先ほどふれた報酬比例部分つまり高所得者ほど高い年金を受けるという、〝逆進的〟な性格をもちうる制度を、はたしてすべて国が行う必然性があるのだろうか。私はこの部分は現在より順次スリム化していくべきであり、それが年金をめぐる世代間格差の是正にもつながると考える。

もちろん年金についての考え方は多様であり、また〝シルバー・デモクラシー（高齢者の人口割合が高くまた高齢層の投票率が高いため、その意向が政治に反映されやすくなること）〟的な状況との関連での困難が伴うことも確かだが、しかし世代間の公平という点を含め、上記のような制度の原理に遡った議論と改革が今こそ必要ではないだろうか。

税とは何か――経済システムの進化と〝富の源泉〟

社会保障の財源としての税についてはどうか。社会保障と税の一体改革では、様々な税に関する方向がさしあたり提起されているが、いわば〝各論〟が先行しており、大きな視座からの、原点にさかのぼった議論が不足しているように思われる。

そもそも「税」とは一体何か。

それは何らかの意味での「富の再分配」の装置であるとともに、その時代における主要な〝富の源泉〟に対してかけられるものと言えるだろう。この場合、工業化（産業化）が本格化する以前の農業中心の時代においては、〝富の源泉〟は圧倒的に「土地」であり、実際、日本においても、明治期を通じて税収の最大部分は「地租」すなわち土地課税だった（明治10年度で税収全体の実に82%）。

やがて工業化社会となり、企業での労働ないし生産活動が〝富の源泉〟になると、所得税そして

前産業化社会	土　地	→地租など
	↓	
産業化社会・前期	労働（～所得）	→所得税・法人税
	↓	
同・後期（消費社会）	消　費	→消費税
	↓	
ポスト産業化	資産、相続（ストック）	→相続税等
～定常型社会	自然資源消費・環境負荷	→環境税（ないし土地課税）

図4　経済社会システムの進化と〝富の源泉〟及び税制

法人税が税収の中心を占めるようになる（産業化社会・前期。日本でも大正期半ばに所得税が地租に代わって税収の1位となった）。さらに時代が進むと、モノ不足の時代が終わり、消費社会つまり生産（供給）よりも消費（需要）が経済を駆動ないし規定する主要因となり、消費税が表舞台に出てくる（産業化社会・後期）。1967年当時において一般消費税を本格的な形で導入していたのはフランスとフィンランドのみだったが、68年にはドイツ、69年にはスウェーデン、73年にはイギリス等が導入に踏み切り、順次税率の引き上げを行っていった。

しかしさらに時代が展開すると、先に論じたように、経済が成熟・飽和していく中で「ストック」の重要性が再び大きくなり、また環境・資源制約やその有限性が顕在化し、環境ないし自然という究極の〝富の源泉〟が認識されるようになる。ここにおいて、ストック（資産）に関する課税（相続税など）や、環境税（ないし自然ストックとして重要な土地課税）が新たな文脈で重要になり、かつその「分配（再分配）」のあり方が大きなテーマとなる。

エコロジー的な流れに属するイギリスの経済学者ジェイムズ・ロバートソンは、「共有資源への課税」という考えの下、土地やエネルギー等への課税の重要性を論じている。彼は「人間が加えた価値」よりも「人間が引き出した価値」に対して課税するという議論を行っているが、そこにあるのは、〝富の源泉〟は人間の労働や生産活動よりもまず第一に自然そのものであるという、根本的な認識のシフトである（Fitzpatrick and Cahill〔eds〕〔2002〕）。

つまり自然資源は本来人類の共有の財産であるから、それを使って利益を得ている者は、いわばその〝使用料〟を払うべきといった理解である。

税に関する以上の議論をまとめたのが**図4**である。こうした認識を踏まえて、私は今後の社会保障財源として特に重要なのは①消費税、②相続税、③環境税（ないし土地課税）の3者であると考える。

ヨーロッパとの対比

このうち消費税については、以前からその逆進性の問題が指摘されてきた。これについては、なお十分議論されていない食料や生活必需品の非課税ないし低率化という点に加えて、次のような視点が重要と思われる。

すなわち、「福祉国家」と言われる北欧や他のヨーロッパ諸国は、いずれも高い消費税率となっている（スウェーデンやデンマークは25％で、イギリス20％、フランス19・6％、ドイツ19％など）が、それはなぜかという点だ。消費税がもし中所得以下の人にマイナスなのだったら、「福祉国家ほど概して消費税が高い」ということは本来ないはずであろう。

ここでポイントとなるのは、消費税そのものに一定の逆進性があるとしても、その「使途」まで総合して考えると、全体としてはむしろ中所得以下の層に大きな恩恵があるという点である。

つまり、たとえば１９７０年代頃までは政府の支出に占める社会保障の比重が小さかったため、富の再分配は税（税率の累進性）による部分が大きかった。しかし現在では日本を含め先進諸国の政府予算の最大の項目は社会保障である。このため、税を「集める」段階よりも「使う」段階で強い再分配機能が働くことになる。

これまでの日本がそうだったように、消費税に反対して結果的に社会保障の充実を遅らせることは、「低福祉」となり、かえって生活保障が弱くなるだろう。このことは強調したいと思う。

ちなみに、「所得税の累進性の強化で対応すべきであり、消費税を上げるべきではない」という意見があるが、これもミスリーディングである。たとえば所得税の最高税率（40％、課税対象所得が１８００万円超の層）を１％上げても増収は３５０億円程度にしかならない（30％上げても約１兆円）。これはそうした税率の対象となる高所得層が数として少ないからであり（納税者全体の０・５％）、したがって消費税1％で3兆円近くの税収となるのと比べものにならない。要するに、一定以上の社会保障をまかなうためには〝所得税の税率をより累進的にすることでは税収が全く足りない〟のであり、そうした累進強化と合わせて消費税率をヨーロッパ並みの水準にしていく必要がある。

〝増税〟などという話はないにこしたことはないし、誰しもそうした主張はできればしたくないが、将来世代にツケを回さないためにも、また一定以上の公的な社会保障を実現するためにも必要なことである。むしろ、「高福祉・高負担」型の社会を築いていくということをもっとポジティブに考えていってよいのではないか。

「税」は〝お上にとられるもの〟というのはまさに封建的ないしお任せ民主主義的な発想であり、むしろそれは（家族などを超えた）社会的な支え合いの装置である。

もちろん、そうした安心できる公的セーフティネットと並んで、本書で論じてきたように、たとえばコミュニティでの支え合いが充実するとか、あるいはそれによって結果的に介護や病気の「予防」が進んでいくといった方向、また地域の経済循環が活発になって失業や貧困が減り結果として生活保護などの支出が減るといった方向（ひいては税自体が少なくてもよいようになっていくという方向）は、積極的に進めていくべきだろう。これは後で述べる「予防的な」社会保障あるいは福祉国家という視点と重なってくる。

「福祉―環境―経済」を包含した社会構想

消費税について述べたが、他方、相続税については、私は人生の初めにおいて個人が「共通のスタートライン」に立てるような社会がまず重要と考える。言い換えれば、親の経済状態や格差がそのまま子に引き継がれるべきではない。だとすれば、相続税を現在よりも強め（相続税はバブル期以降軽減されてきた）、それを特に先述の「人生前半の社会保障」（福祉・教育など子どもや若者への様々な公的支援）に充てるべきではないか。それは平等の実現とともに社会の活性化にも資するはずである。

最後の環境税に関し、日本ではあまり知られていないが、環境税を導入しているヨーロッパの国々の多くは、意外にも環境税の税収の相当部分を社会保障に使っている。たとえばドイツは1999年に「エコロジー税制改革」という政策を行い、環境税を導入するとともに、その税収を年金にあて、そのぶん社会保険料を引き下げるという大胆な改革を行った。環境負荷を抑えつつ、社会保障の水準を維持し、かつ社会保険料を下げることで（企業にとっての雇用に伴う負担を抑えて）失業率を低下させ、併せて国際競争力を維持するという、複合的な効果をにらんだ分野横断的政策である。

その根底にある思想は次のようなものだ。かつては〝人手が足りず、自然資源が十分ある〟という時代だったので「労働生産性」（少ない人手で多くの生産を上げる）が重要だった。しかし今は全く逆に、いみじくも本節の初めで見たように、〝人手が余り（＝慢性的な失業）、自然資源が足りない〟という逆の状況になっている。

そこでは本書の中でも既に論じてきた「環境効率性」、つまり人はむしろ積極的に使い、逆に自然資源の消費や環境負荷を抑えるという方向が重要で、こうした「労働生産性から環境効率性へ」という大きな方向を進めていくために、「労働への課税から資源消費・環境負荷への課税へ」という改革がなされたのである。

そこにあるのは、社会保障ないし福祉と環境、そして経済の全体をにらんだ「持続可能な福祉社会」とも呼ぶべき社会構想と、そのための政策という一貫した考え方である。こうした大きな社会ビジョンが現在の日本の議論ではあまりにも不足している。

社会保障と税に関する議論は、本節の初めで述べたように、若い世代を含む多世代が参加しやすい形で、かつトータルな社会構想と理念と一体のものとして、今後進められていくべきである。

資本主義の進化と「緑の福祉国家」
――資本主義・社会主義・エコロジーのクロスオーバー

最後に、以上述べてきたことを「資本主義の進化」という視点からとらえなおしてみたい。大きく振り返れば、資本主義は黎明期以降、その〝修正〟を、いわば「事後的」あるいはシステムの末端部分から、順次「事前的」あるいはシステムの中枢部分にさかのぼる形で行ってきたといえるのではないか。

すなわち、まず第一ステップとして、当初それは市場経済から落伍した者への公的扶助ないし生活保護という〝事後的救済策〟から始まった（1601年のエリザベス救貧法など）。

続いて第二ステップとして、産業化・工業化が本格化した19世紀後半には、大量の都市労働者の発生を前にして、（上記のような事後的な救済策では到底間に合わなくなり）雇用労働者が事前に保険料を払って病気や老後等に備える仕組みとしての「社会保険」という、より事前的ないし予防的なシステムが導入された（1870年代のドイツ以降）。

しかし20世紀に入って世界恐慌に直面し、社会保険の前提をなす「雇用」そのものが確保できないという事態に至ると、第三ステップとして、ケインズ政策という、市場経済への直接的な介入――需要喚起による経済成長を通じた、政府による雇用そのものの創出政策――が開始された。これは、市場そのものに政府が介入し、その拡大を管理するという意味で、資本主義の中枢に関わる介入が行われたことになる。

そして、そのように「成長」を維持してきたのが20世紀後半の約50年の資本主義の歴史だったと言えるが、21世紀に至り、本節の冒頭でふれた失業や「生産過剰」をめぐる近年の状況に見られるように、そうした不断の経済成長あるいは資源消費の拡大という方向自体が、根本的な臨界点に達しようとしている。

こうして人々の需要が飽和して経済が成熟化し、従来のような市場経済の拡大・成長が望めなくなっている現在、さらに根本的な、つまり資本主義のシステムの中枢に遡った、あるいは「事前的・予防的」という方向をさらに進めた対応が求められている。

そうした対応の柱となるのは、次の二つだろう。

第一は、事前的な対応あるいはシステムの根幹にまで遡った「社会化」である。それは他でもなく本節で議論してきた「人生前半の社会保障」の強化や、「ストックに関する社会保障」の充実と重なり、また相続税・環境税の強化や土地所有のあり方の見直し（土地の公共性や公有地・共有地の再評価）とつながる。

第二は、「市場経済を超える領域」としてのコミュニティへの注目である。

ここでは公的な福祉ないしセーフティネットという概念も、「市場経済を前提とした上での、そこから落伍した者への事後的な救済」だけではなく、個人をいわば〝最初からコミュニティにつないでいく〟ような対応が本質的な重要性を持つようになる。また本書の中で論じてきた「コミュニティ経済」やそこでの雇用も大きな意味をもつことになる。こうした中で、いわば「**国家保障から地域保障へ**」ともいうべき方向が展開していくことになるだろう。

以上のような流れの総体を、資本主義の進化という大きな視点でとらえ返して見ると、それぞれの段階において分配の不均衡や成長の推進力の枯渇といった〝危機〟に瀕した資本主義が、その修正あるいは〝社会化〟を「事後的」ないし末端レベルのものから、順次「事前的」ないしシステムの根幹に遡ったものへと拡張してきた、という流れを見出すことができるだろう。

そして、そのようにして経済あるいは人々の欲望が大きく拡大・成長してきた最後の段階（としての定常型社会）において登場するのが、先ほどから述べているような、新たな「コミュニティ」の生成を評価しつつ、かつ「資本主義のもっとも上流に遡った社会化」を並行して行っていくようなシステムの姿ではないか。

それは、資本主義システムの根幹に及ぶ社会化、そして「市場経済を超える領域」としての新たなコミュニティの生成が、市場経済の成熟化・定常化や資源・環境制約の顕在化という時代状況の中で行われるという意味において、「資本主義・社会主義・エコロジーのクロスオーバー」と表現できるものである。

そうした社会のありようを私たちは、「緑の福祉国家／福祉社会」あるいは「エコ・ソーシャルな資本主義 ecological social capitalism」と呼ぶことができるだろう。

インターミッション1　「鎮守の森セラピー」事始め

2012年の6月、「鎮守の森セラピー」という世界初？の実験的試みをゼミの学生たちとともに行った。以下はそれについての報告と若干の考察である。

自然との関わりを通じたケア

私はこれまで「ケア」というテーマについて多少の研究を行ってきたが、その中で「自然との関わり」ということが、ケアにとって重要な意味をもつと考えるようになった。

通常、ケアという言葉は「ケアする－ケアされる」といった具合に、人と人との〝1対1〟の関係のようにとらえられることが多い。いわば「ケアの1対1モデル」ともいうべき理解である。けれども、ケアにおいて最終的に大切なことは、その人がコミュニティあるいは社会の中でふつうに生活をしていけるようになることであり、言い換えれば「コミュニティとのつながり」をもつことがケアにとって重要である。さらに、コミュニティというものは〝真空〟の中に宙に浮いて存在するものではなく、その基盤には「自然」が存在している。

けれども現代人は、概してそうしたコミュニティや自然とのつながりを失いがちで、それが様々

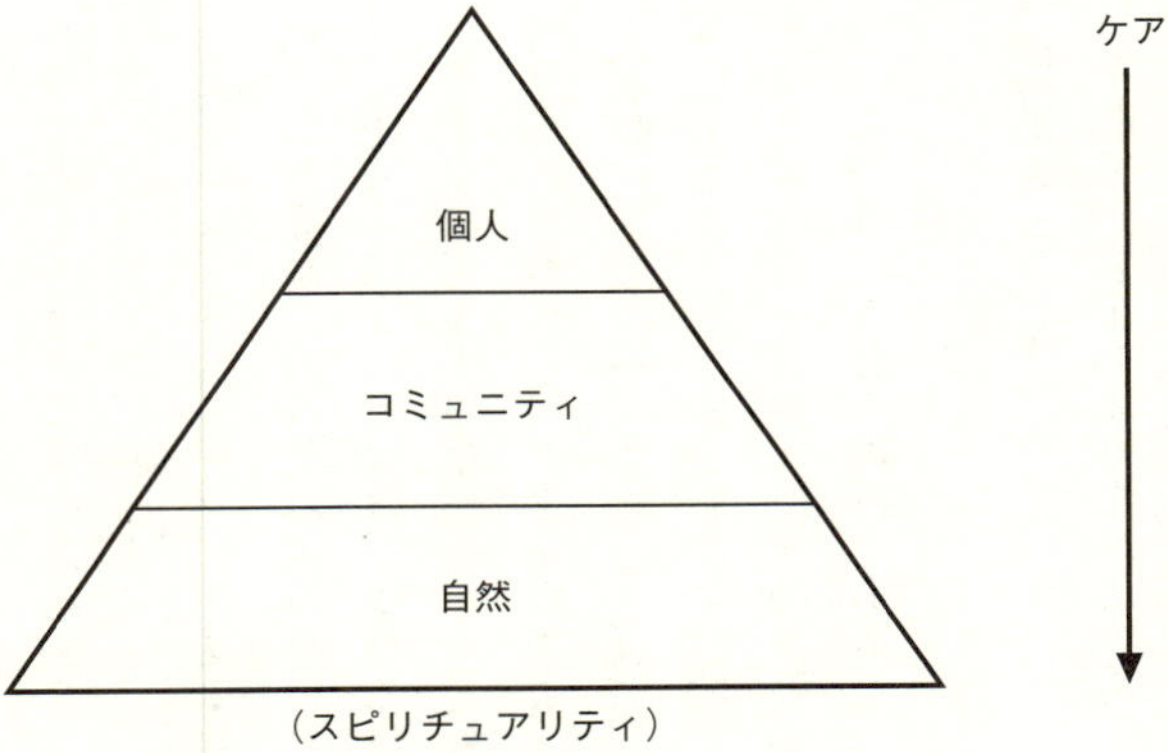

図　「つなぐこと」としての「ケア」
ケアとは、「個人」という存在を、その底にある「コミュニティ」や、「自然」、「スピリチュアリティ（精神的なよりどころ）」の次元に〝つないで〟ゆくことではないか。

な心身の不調やストレス等の根本的な原因となっているだろう。このように考えていくと、「ケア」という営みは、個人をコミュニティ、そしてその根底にある自然に「つないでいく」ことに一つの本質をもつという考えが生まれる。それを示したのが**図**である。

このようにして浮上してくる「自然との関わりを通じたケア」については、これまでも園芸療法、森林療法等といった様々な試みが展開されてきており、私はこうした試みは、自然とのつながりを失いがちな現代人にとって非常に重要な意味をもつと思ってきた。

しかし考えてみればすぐわかるように、特に大都市圏においては、そうした「自然」が不足しており、ましてや「森」などは縁遠い存在であるという現実がある。都会人が森にふれたいならば、東京を1、2時間かそれ以上離れて遠くの場所に行くしかない（実際私も頻繁に八ヶ岳近辺に行っている)。

しかし話は本当にそれで尽きているのか、もっと生活の身近な場所で、本格的な森林療法とまで行かずとも、それに類する経験をすることはできないのか、ということで思い浮かんだのが「鎮守の森」という存在である。

「鎮守の森・自然エネルギーコミュニティ構想」の節でも書いたように、日本には鎮守の森(=神社)とお寺が、それぞれ8万数千という膨大な数で存在している。

しかも「鎮守の森」は、単なる物理的な自然というより、〃八百万《やおよろず》の神様〃といった表現に示されるように、人間の意識のもっとも古層にある自然信仰的な世界観、つまり自然の中に単なる物質的なものを超えた何かを見出すような世界観とつながっている。

私はこうした見方を「自然のスピリチュアリティ」という表現で論じてきたが(広井〔2003〕参照)、そうした人間にとってもっとも根源的な次元とも「鎮守の森」は関係している。先ほどの図で、ピラミッドの下層の「自然」のさらに底に「スピリチュアリティ」という層を示しているのはそうした趣旨である。

「鎮守の森セラピー」の試み

そして、以上のような関心から今回行ったのが「鎮守の森セラピー」の実験的試みである。

こうした試みが実現に至った背景には、私にとっての次のような貴重な出会いがあった。それは全国森林インストラクター会の理事でもある宮下佳廣氏であり、同氏は2005年に大手企業を定年退職されたあと、企業人時代に十分果たせなかった根本的なテーマの探求を行いたいと思い、千葉大学大学院の園芸学研究科（環境健康学領域）に入学し、そこで園芸活動や自然との関わりと心身の健康との関係について研究を進められ、農学博士の学位まで取られたという経歴の方である（博士論文のテーマは病院緑化と患者・職員の意識に関する研究）。

宮下さんは私の大学院ゼミに２０１１年度後期から参加されていたが、「自然との関わりを通じたケア」においては、狭い意味での物理的自然だけでなく何らかの精神的な要素を含めて考えることが重要という（私と同様の）関心をもっており、そうしたやりとりの中で今回の「鎮守の森セラピー」が実現することになった。

私は学部のゼミでは「コミュニティ」や「ケア」、（ブータンのＧＮＨの議論のような）幸福と経済、まちづくりや地域再生など、現代社会における様々な課題を幅広く取り上げており、こうしたテーマへの学生たちの関心は高い。そこで学部3年ゼミの一環として、千葉県市川市にある白幡天神社を訪問し、その中で「鎮守の森セラピー」、すなわち〝都市における鎮守の森を活用した森林療法の試み〟を行った。そのイメージは**写真**をご覧いただければ幸いである。

訪問の前半では、同神社の宮司である鈴木啓輔氏より、地球環境問題と現代社会のあり方、それと鎮守の森との関わりについてパワーポイントでの説明をうかがった。通常の〝宮司〟像からはやや意外なことに、鈴木氏は化学専攻の工学博士でもあり、現在も環境論に関する大学の講師を務めておられ、お話の内容も文理融合的ないし自然科学的な知見とクロスオーバーしたユニークな「鎮守の森」論で、それ自体印象的だった。

そしてそのあと上記の宮下さんのガイダンスのもとで行われたのが世界初?の「鎮守の森セラピー」である。

と言っても今回はごく手短な導入的試みであり、宮下さんの簡単な説明の後、神社の境内の中で最初に「気功」的な深呼吸を行い、その後、二人ずつ組になって、一人が時間を測り（今回は2分）、もう一人はその間、目をつぶって木にもたれたり触ったりして静かに瞑想するという内容のものである（**写真**参照）。

短い時間の試みだったが、学生には予想した以上に好評で、フェイスブックなどで「どうして自然の中にいると心が落ち着くのか、今日の経験を通じてわかった」「もう少しで木と一つになれそうだったよ」等といった感想が示された。

展望——地域コミュニティ・高齢化・統合医療との関わり

繰り返し記すように、今回の試みはごく初発的なものであり、体系的な内容でもなく、今後こうした「鎮守の森セラピー」にどのような展開の可能性があるかはなお未知数である。

しかしながら先ほども述べたように、現代人にとって「自然との関わりを通じたケア」は深い次元で重要なものであり、その身近な場の一つとして、かつて南方熊楠が論じたように、日本における地域コミュニティの中心であった「鎮守の森」を再評価し活用していくことは、様々な面で意義のあることではないかと思う。

またこれからの時代は、本書の中でもふれてきたように「地域」との関わりが強い高齢者層が大

①　白幡天神社（千葉県市川市）にゼミ生集合

②　隣は児童公園ー地域とのつながり

③　鈴木宮司のレクチャー（地球環境問題と鎮守の森）

④　鎮守の森セラピーの試み(a)

⑤　鎮守の森セラピーの試み(b)

きく増加していくが、そうした高齢者と健康・福祉（精神的な次元を含む）、あるいは地域コミュニティでのつながりの醸成という文脈でも、本稿で述べたような試みは一定の意味をもつのではないか。

さらに多少飛躍するが、先ほど「気功」に言及したけれども、たとえば鎮守の森という日本での伝統的な場所を舞台に、中国出自の気功あるいはインド出自のヨガなどを組み合わせていけば、それはアジアの文脈に根ざした、新しいタイプの現代的「統合医療」として発展する可能性ももっているかもしれない（統合医療については第Ⅱ部も参照）。

様々な方々と連携しながら、こうした可能性についてさらに探っていきたいと考えている。

インターミッション2　ドイツの自然療法地と環境都市を歩く

「環境」と「医療」という二つの分野は、本来は密接に関連しているにもかかわらず、概して別個に論じられることが多い。たとえば政府の新成長戦略などでも、両者はそれぞれ〝グリーン・イノベーション〟〝ライフ・イノベーション〟という言葉ないしコンセプトでまとめられ、異なる分野として位置づけられている。

しかし人間の病気や健康は何らかの意味で「環境」と深く関連しており――この場合の「環境」には自然環境のみならず、労働時間・働き方やコミュニティとのつながりなど社会的なものも含まれる――、とりわけ慢性疾患やストレス・精神疾患などが疾病の中心を占める現代においてはこのことが特にあてはまる（第Ⅱ部での統合医療に関する議論を参照）。

こうしたテーマについて、以前から先駆的な取り組みを行ってきたと見られる典型的な国の一つはドイツであり、ここでは旅行記風にドイツのいくつかの場所にそくしながら、以上のような視点を踏まえた考察を行ってみたい。

自然療法地バート・ヴォリスホーフェン再訪

本書の「はじめに」でもふれたように、私は海外で比較的長く滞在したのはアメリカなのだが（1988－90年と2001－02年の計3年間。東海岸のボストン）、ある時期から社会のありようや「生活の質」という面においてはヨーロッパが比べものにならないほど優れており、何より暮らしやすいと感じるようになった（私の主観的な好みも関係するかもしれないが、それは特にドイツ・フランス以北のヨーロッパにあてはまる）。

そうしたことの背景には、歴史や社会の成り立ちの相違とともに、福祉国家・社会保障や環境政策、まちづくりなどに関する公共政策や社会システムのあり方が深く関わっているだろう。

そうした中で、主にドイツを中心にヨーロッパを毎年夏訪れているが、今回（2012年）もそうした流れのものだった。

先ほどの「環境と医療」というテーマとも関連する場所として今回訪れたのは、ミュンヘンから電車で西に向けて1時間半ほどのところにある〝自然療法地〟バート・ヴォリスホーフェンである。ここは2003年夏にも一度行ったことがあり、約10年ぶりの再訪だった。

バート・ヴォリスホーフェンは、一言で言えば〝「クナイプ療法」の発祥地〟として知られる場所だ。「クナイプ療法」とは、キリスト教の神父であったセバスチャン・クナイプ（1821－1897）が始めた一種の自然療法で、①「水療法（Hydrotherapie）」を中心とし、他に②植物ないし園芸療法（Phytotherapie）、③運動（Bewegung）、④食事ないし栄養（Ernährung）、⑤身体・精神・心のバランス（Balance von Körper, Geist und Seele）を合わせた5つの柱によって成り立つものである。

この5つの項目を見るだけで、クナイプ療法が現代風に言えば統合医療あるいは補完・代替医療の一つの形態であることがわかるだろう。ちなみにクナイプはドイツでは広く知られており、ドイツの主要雑誌『シュピーゲル』が健康と心身相関についての特集を組んだ時にも（2007年）、数ページにわたってクナイプ療法を取り上げている。またクナイプ療法については、日本で森林療法に先駆的に取り組んでこられた東京農業大学の上原巌教授が森林療法との関わりで早くから日本に紹介されている（上原巌〔2003〕、同編〔2008〕等参照）。

さらに補足すれば、ドイツにはいわゆるホメオパシーなどの代替医療や、自然療法士Heilpraktikerと呼ばれる職種など、近代医学の要素還元主義とは異なる志向をもった、いわば〝オーガニックな医療〟の流れが脈々と存在している。この国は一方で近代医学ないし先端的な医療をリードしてきた象徴的な国の一つという側面をもっているわけだが、（ある意味ではアングロ・サクソン的自然観に対する有機体的な自然観ということとも関連しつつ）このような統合医療の志向を同時に併せもっている点が興味深い（広井〔2005〕参照）。これは第Ⅱ部で論じる、「科学は〝ひとつ〟なのか」というテーマも関連しているだろう。

さてバート・ヴォリスホーフェンに話を戻すと、ここは人口約1・4万人の小さな町で、日本で言うならば高原の保養地という感じの場所だが、年間の宿泊客は10万人を超える（なおバート・ヴォリスホーフェン以外にも、クナイプ療法を行う保養地はドイツ全体に68か所ある）。といっても観光地の喧騒という感じは全くなく、全体として静かで落ち着いた雰囲気が漂い、また町の中心部は瀟洒《しょうしゃ》に整備されている（**写真①**）。

高齢化・自然療法・公共性

この町を訪れて誰もがまず感じるのは、高齢者の割合が非常に大きいことだろう（**写真②**）。実は私が2003年に初めてここを訪れた時に感じたのもこの点で、もともと（先述の上原氏が提唱されている）森林療法への関心からこの場所を訪問したので、〝高齢者の保養地〟という印象が強かったのが自分の中ではやや意外なことだった。

しかし思えばドイツの高齢化率（全人口のうち65歳以上の人口が占める割合）は現在20・4％で（2010年）、これは日本に次いで世界第2位なので（日本は23・3％〔2011年〕）、こうした自然療法地ないし自然保養地において高齢者の割合が大きいのはある意味で当然のことでもあるだろう。また逆に言えばこのような場所が、高齢化がさらに進んでいく日本においても求められていると思われる。

さて、先ほどの写真で示した街の中心のメインストリートから5分も歩けば、「クアパーク」と呼ばれる広大な公園ないし緑地があり、すでに半ば「森」に一歩近づいた雰囲気となる。ここでは裸足《はだし》になることが推奨されている芝生や〝泥地〟などの場所があちこちにあり、たしかに靴を脱いで裸足で歩くと単純に気持ちがよい（足裏マッサージにつながるイメージか）。また、クナイプ療法の中心たる「水療法」の考えに基づいた公共の水浴場があり――こうした場所はクアパークに限らず町の何か所かに整備されている——、大勢の人々が楽しんで利用している。

クアパークには他にもクナイプの考えに基づいた場所が様々にあり、芳香が心身にもたらす影響を重視した「アロマガーデン」などもその一つで、ある意味で〝癒し〟に関するあらゆるものが揃っている場所という印象を受ける。

ただし、これも重要な点と思われるが、これらを整備しているのはバート・ヴォリスホーフェンの市（Stadt）であり、そのためもあってか商業主義的な印象や、日本の観光地にありがちなけばけばしい広告・看板の類は全く見られない（これはここに限らずドイツ全体あるいはヨーロッパに言えることだが）。かといって日本の公営施設の一部に見られるような味気ない感じはない。

① 自然療法地バート・ヴォリスホーフェンの街の様子

② 高齢者の姿が目立つ

③ 中心部からの自動車排除と「歩いて楽しめる街」（エアランゲン）

そして市がこうした施設を整備できるのは、宿泊客が支払う「クア・タックス」、つまり保養税（宿泊代の7％）という財源があるからだろう。つまりこれらの施設や様々なサービスは一定の公共的な基盤とセットで機能しているわけである。全体として、町全体がある種の公共財あるいは〝コモンズ〟（共有地ないし共有空間）になっているという印象を受けた（実はこの点も、第Ⅰ部6節の福祉都市のところで述べたように、この場所に限らずドイツの都市全体に言えることだ）。

なお今回は時間の関係で行かなかったが、クアパークのさらに先には広い森が広がっており、森林散策の遊歩道なども整備されている（前回は10キロのコースを歩いた）。また、先ほどクナイプ療法の5つの要素という点を述べたが、これらを踏まえた様々な療法は、マッサージや鍼灸なども含めて、クアホテルなどと呼ばれるバート・ヴォリスホーフェンの多くの宿泊施設で受けることができる（その一部は公的医療保険の対象にもなる）。ちなみに私が泊まったのは「セバスチャニウム」という、クナイプが1891年に建てた最初のクナイプ療法用の施設で、そうした様々な療法を受けることができる場所だった。

いずれにしてもこのような場所は、高齢化とも関連しつつ、環境や自然と一体となった健康政策、そして地域活性化の取り組みとして日本にとってもヒントになるのではないだろうか。

「環境首都」から「医療都市」へ――エアランゲン

〝自然療法地〟ということでバート・ヴォリスホーフェンについて述べたが、今回のドイツ行きでもう一つ注目したのは、ドイツのいわゆる「環境首都」コンテストの第1回（1989年）で環境首都に選ばれ、しかも近年は「健康・医療」を掲げた地域活性化を進めている都市、エアランゲンである（ちなみに環境首都コンテストとは、ドイツの非営利組織であるドイツ環境支援協会が主催し、コンテストに参加した自治体の環境分野における取り組みを総合評価してランク付けするもので、１９８９年から98年にかけて行われた）。

ドイツの環境首都と言えば日本ではなんといってもフライブルクがよく知られており（フライブルクは１９９２年に第3回の環境首都コンテストで1位になっている）、私も何度か訪れたことがあるが、今回は上記のような健康・医療との複合性という点や、地域活性化の戦略という関心からエアランゲンを訪れてみることにした。エアランゲンに関しては、同市在住のジャーナリストである高松平藏氏の著書『ドイツの地方都市はなぜ元気なのか』が、きわめて包括的かつ具体的な情報を提供してくれた（高松〔２００８〕）。

エアランゲンは、ミュンヘンの北方にある都市ニュルンベルクから電車で20分ほどのところにある小さな都市で、人口は10万人強である（２０１２年。なおミュンヘンは約１４０万人、ニュルンベルクは約50万人）。特に１９７２年から96年まで４期24年にわたって市長を務めたハールベルク氏の時代に「環境」に力が注がれ、自転車道の整備や自然保護政策が進められるとともに、上記のドイツ環境首都にも選ばれている。

一方、96年にはバライス氏が新市長となったが、同氏は①エアランゲン大学が有数の医学部をもつこと、②シーメンスが医療部門の拠点をエアランゲンに置いたこと、③今後の成長分野として医療・健康部門が期待されること等の理由から（また前市長の時代との差別化を図るという戦略的な背景も加わって)、「医療都市 Medizinstadt」の看板を大きく掲げることになった。さらに近年では、環境教育を含む教育政策を重点化している。

「環境と医療」という視点にそくして見れば、エアランゲンは奇しくも「環境首都」でありつつやがて「医療都市」を掲げるに至ったという印象的な歴史をもっている。ある意味で象徴的なケースのようにも見えるが、上記のようにその間には市長の交代という経緯があり、必ずしも実質的に「環境と医療」が融合して政策が展開されているとは言えない面があるだろう。ただし上記の高松氏も指摘しているように、近年力を入れ始めている環境教育などの領域を通じて、(疾病予防や先ほどのバート・ヴォリスホーフェン的な視点とも一部つながる形で)環境と医療の有機的な統合が図られていく可能性があるかもしれない。

中心部からの自動車排除と「歩いて楽しめる街」

それはさておき、ここで見てみたいのは街そのもののありようである。

エアランゲンの街の中心部は、**写真③**(141ページ)に見られるようなメイン・ストリートを軸に、完全に自動車が排除されて歩行者(と自転車)だけの空間となり、文字通り〝歩いて楽しめる〟エリアとなっている。自転車道は別途様々な形で整備されているが、この中心部に関しては自転車もおりて通ることが義務づけられている。

同時に非常に印象深いのは、人口10万の地方都市の中心部が活気あふれる賑わいをもち、かつ豊かな「コミュニティ空間」を形成していることだ。同規模かそれ以上の日本の多くの地方都市に見られる、中心部の空洞化やシャッター通り化との違いに思いをはせざるをえない。

そうした違いを生むポイントは、本書で論じてきた内容とも関連するが、①上記のような大胆な自動車排除や歩行者空間づくりなど街の空間構造のあり方そのもの、②地域内でヒト・モノ・カネが循環するような、コミュニティ経済あるいはローカル経済の形成、という2点にあると私は考えている。

この場合、①の点について見ると、本書の「福祉都市」での話題とも関連するが、街の中心部から思い切って自動車道をなくして自動車を排除し、歩行者が歩いて楽しめる空間をつくるという政策は、ドイツのほとんどあらゆる都市において（80年代前後から）行われてきたことである。**写真**④、⑤は、今回訪れた他の都市であるニュルンベルクとウルムの中心部の様子だが、いずれも大胆に自動車交通が抑制され、完全に歩行者専用の空間になっている。これはドイツに限ったことではなく、ヨーロッパ、特に北欧を含むドイツ・フランス以北において顕著な政策展開である。

そしてこの点は、単に街の空間構造という「ハード」面にとどまる話ではなく、そのような〝歩いてゆっくり過ごせる街〟から生まれる「コミュニティ感覚」とでも呼ぶべき意識、つまり人と人との間のゆるやかなつながりの感覚に決定的な意味をもつだろう。

第Ⅰ部でも述べたように、まちづくりにおいては、こうした空間構造とコミュニティ感覚というソフトとハードの両方を包含した視点、あるいは〝コミュニティ醸成型のまちづくり〟という発想が何より重要と思われる。

ちなみに先ほどふれたウルム（ドイツ南部の都市で、人口約10万）に関して少し補足すると、同市では戦後の復興期及び高度成長期に、旧市街の古い街並みを取り壊す形で片道3車線の大きな自動車道路（ノイエ通り）が建設されたが――ここまでは日本の場合と似ている――、自動車交通の多さがもたらす様々な弊害が指摘されるようになり、住民投票などをへて結局道路を大幅に縮小することになった（このあたりの経緯は春日井［1999］に詳しい）。

私はその結果の最終的な姿がどうなったかに興味があり今回ウルムを訪れたのだが、印象深いことに、**写真⑥**に示されるように、かつての道路の真ん中にカフェなどを含む建物が建てられ、周辺が歩行者中心の空間に再編されるとともに、もともと歩行者専用空間であった周辺のエリアとの連続性が再生されていた。〝街の中心部から自動車を排除し人々が歩いて楽しめる空間にする〟という方向が徹底された大胆な政策と言えるだろう。

先ほど、私が海外で比較的長く滞在したのはアメリカだったと記したが、街が完全に自動車中心にできているというのがアメリカの際立った特徴で、そこから来る街の味気なさや荒涼とした感じには本当に辟易した。

残念ながら、戦後の日本は完全にアメリカの都市と道路の姿をモデルに政策を行ってきたので、こうした点に関してはヨーロッパとアメリカ・日本の違いが本当に顕著であると感じる。コミュニティという視点を意識したまちづくりへの転換を今こそ図っていくべきものと切に思う。

根底にある人と人との「関係性」

以上、前半では〝自然療法地〟バート・ヴォリスホーフェンを中心に、後半では〝環境首都&医療都市〟エアランゲンを中心に旅行記風に述べてきたが、最後にこれら全体の根底にあると思われる重要な点について考えてみたい。

それは本書の「はじめに」でもふれた、人と人との関係性、あるいは日常の中での人の行動様式や意識に関することである。

以前から拙著の中でも論じてきたことだが、海外、とりわけヨーロッパなどで特に感じることとして、街の中で、見知らぬ者どうしがちょっとしたことで声をかけあったり、挨拶をしたり、お礼を言ったり、笑顔をかわしあったりするということが自然な形で起こるという点がある。

この場合のポイントは「見知らぬ者どうし」ということであり、日本の場合、「知っている者」

④　中心部からの自動車排除と「歩いて楽しめる街」（ニュルンベルク）

⑤　同（ウルム）

⑥　中心部を貫通していた自動車道を縮小して真ん中に建物を建設（ウルム）

どうしの間ではむしろ過剰なほど気を使ったり同調的な行動をとろうとするが、特に東京のような大都市などの場合、「見知らぬ者どうし」が声をかけあったり挨拶をしたりすることはほぼ皆無と言っていいだろう。要するに、集団の「ウチとソト」あるいは〝身内と他人〟の落差がきわめて大きいのである。

そして、ある社会や国における様々な個別の事象や、政策ないし社会システムを深いレベルで規定しているのは、他でもなくこうした社会の質や人と人との関係性であると思える。学問的な用語を使うとすれば、それはいわゆる「ソーシャル・キャピタル（社会関係資本。人と人の信頼や互酬性ないしネットワーク）」、とりわけ異なる個人や集団をつなぐ「橋渡し型（bridging）」のソーシャル・キャピタルが、いまここで述べている内容とつながるだろう。

ただし先ほど日本の大都市の話をしたが、若干の希望的観測を込めて言えば、日本でもこうした点において、ここ数年、明らかな変化の兆しが生じ始めていることを私は感じている。それは特に比較的若い世代に感じることで、先に述べたような、都市の中での見知らぬ者への配慮や、ちょっとしたコミュニケーションといったものが、なおかすかな変化ではあるが生じ始めているということである（ささいなことだが、たとえば建物のドアを開けた時、後ろから来る見知らぬ他者のためにドアを開けておくといったことなど）。

これは、一つには東日本大震災以降に生じた変化という面をもっているだろうが、もう少し中長期的な構造変化であると私は考えている。

つまり、生産の拡大や経済の成長といったことに意識を集中させて、ただ〝上〟だけを見て猪突猛進的に走っていた高度成長期をへて、もう少し身の回りの（見知らぬ）他者や、コミュニティあるいは社会の質といったことに人々の関心が少しずつシフトしているという構造変化である。

あえて単純に言えば、カイシャという閉鎖的な集団を単位として経済成長の道を突き進んでいた「ファスト&クローズド」の時代から、「スロー&オープン」という方向への変化である。

あるいはドイツの話との関連で言えば、それは「エコ&ソーシャル」、つまり経済成長や生産の拡大から、環境保全や生活のゆとりに軸足を移しつつ、市場経済に一定のブレーキをかけ「ソーシャル」なものを重視するという方向である。ちなみに日本では必ずしも十分認知されていないが、戦後のドイツが基本に掲げたのが「社会的市場経済（ソーシャルな市場経済）」、つまり自由放任的な市場経済ではなく、それを様々な社会的ないし公共的な規制や再分配で調整するという社会システムだった。

異なる分野を総合的に結びつけてとらえ、かつ根底にある人と人との関係性や社会システムのあり方を視野に入れながら、成熟社会の豊かさに向けた様々な政策や社会の構想を議論していくことが今こそ大切と思われる。

第Ⅱ部　地球倫理のために

――科学・宗教・福祉またはローカル・グローバル・ユニバーサル

1 「自己実現」と「世界実現」

若い世代の「世界実現」志向

ここ数年、身近で接している学生や若い世代の社会貢献意識、あるいは「ローカルなもの」への関心の強まりを感じてきたことについては、本書の中でも既に何度か話題にしてきた。

そうしたこととも関連するのだが、しばらく前に、ソーシャル・ビジネスをテーマとするあるセミナーで、千葉大を数年前に卒業し、小さな会社を作ってITやSNS（ソーシャル・ネットワーキング・サービス）関連の事業を行っている佐藤君という人物が、自分が事業に取り組む基本的なスタンスとして、「世界実現」という言葉を使ったのが印象に残った。

「世界実現」とは大きくいえば「自己実現」に対比した言葉で、「自己実現」というと、どことなく自己愛的なニュアンスがあり、何か社会や人々に対して働きかけるのも、最終的には自分自身のためといった趣があるが、そうではなく、むしろ「世界」そのものをよい方向にしていく（＝世界実現）のが自分の一次的な関心事である、という趣旨だったと思う。私にとってはずいぶん印象的で、セミナーのあと彼とひとしきりその話題について話した記憶がある。

以上ともつながるのだが、先日、大学に入ってからフィリピンでの子どもの支援関係の活動に何度も参加したり、東日本大震災後は被災地によく足を運んでいた4年生のゼミの女子学生から、希望していた海外青年協力隊の試験に幸い合格し、来年からウズベキスタンに行くことになったという連絡のメールをもらった。それへの返事で、あまり深く考えることなく「ウズベキスタン行きが○○さんの自己実現のまた大きなステップになることを期待して……」といった感じの言い回しをしたのだが、後になって、どうもここで「自己実現」という言葉を使ったのは、その学生の志向や行動様式からしてちょっと違っていたのではないかという思いが起こった。

それはやはり上記の卒業生の話に通じるもので、彼女の場合も、「自己実現」というよりは、世界や社会の問題、あるいはそれを何とかしたいという思いがまず先にあり、そうした活動を行っていくことが、結果として自己実現にもなっているという印象が強かったからである。

以上二つほどの例を挙げたが、こうした例は枚挙に暇がなく、冒頭にも述べたように最近の若い世代のひとつの傾向を示しているものと思う。もちろん、「意識の高い学生」という言葉の後に「(笑)」をつけるといった揶揄的表現があるように、全体から見ればそれはごく一部かもしれないし、また逆に、そうした社会貢献意識ないし志向を比較的強くもった層というものは、いつの時代にも常に存在してきたとも言えるだろう。

しかしながら、もしかしたらそこにかなり深い次元での、後で述べるような「私」と「世界」との関係についての、あるいは「私」という存在そのものについての、構造的な変化の現れや萌芽といったものを見出すことも、あながち不可能ではないように思える。

ちなみに、そのように現在の日本の若い世代の中で〝「自己実現」以上にまず「世界実現」〟と表せるような志向が出てきている背景には、日本や世界がこれほどまでに多くの問題を抱え、しかもそこでは急を要する個別の課題群が明らかな形で存在しているため、自己実現という以前にそちらのほうにまず関心が向かう、という状況も働いているかもしれない。

逆に言えば、「自己実現」といった言葉が比較的よく使われた1980～90年代といった時代は、日本社会が高度成長期という猪突猛進的な時代を終えつつ、なお一定の〝余裕〟があり、様々な矛盾が現在ほど深刻化していなかったとも言えるだろう。

ここで誤解のないよう付け加えると、私は「自己実現」という言葉あるいは考えについて否定的に考えているわけでは全くなく、むしろそれは重要なことだと思っている。かりにそれが自己愛的ないし半ばエゴイスティックな側面をもつ場合があるとしても、やはり自分というものについて良い意味でこだわったり、常に向き合っていくという姿勢は大事なことだろう。

先に述べた例とも関わるが、社会貢献的な活動に積極的に取り組んでいる学生などを見る中で、そうした活動はもちろん価値あるものだが、同時に学生時代は、やがて社会で生きていく際の土台となるような自己の基盤あるいは軸になるものを、むしろ社会や他者から一定の〝距離〟を置きつつじっくり内省し熟成させるような作業や時間が重要ではないかと私は考えている。その意味では、〝生き急いで〟いるように映る学生や若者がある程度いるのも確かであり、逆に言えば、第Ⅰ部8節で「人生前半の社会保障」にそくして述べたように、もう少しゆっくりとした熟成や〝準備〟の時間を若い世代に与えられるような社会のシステムが必要だと思う。

「個」と「個を超えるもの」のダイナミクス

「世界実現」という言葉を手がかりに現在の若い世代の志向について述べ、ある種の〝現代若者論〟のような内容になったが、しかしここで展開したい中心テーマはもう少し先にある。

それは、「個人を超える何か」への志向ということが人間の大きな歴史の展開の中でどう位置づけられるか、あるいはそれが人間という存在にとってどういう意味をもつかというテーマであり、最終的には、それが（私自身がこれからの時代の重要な理念と考えている）「地球倫理」と呼べるような考えあるいは意識とどう関係するかという点だ。

ここで、今までの議論の流れから話題が大幅に飛躍することになるが、まず**図1**にそくして話を進めてみたい。

図1は、人間あるいは「私」をめぐる全体的な構造を、生命や自然に関わる次元も視野に入れて大まかにまとめてみたものである。

大きく言えば、図の下から上にかけての方向は人間や社会の進化の流れだが、特に重要な節目となるのは「遺伝子」－「個体」－「個人」という3つの結節点だ。

ここで「遺伝子」とは象徴的な意味で、〝自己複製する存在としての「生命」の根源的なユニット（ないしシステム）〟といった趣旨であり、やがてそれは（原核細胞→真核細胞→多細胞化というプロセスをへて）「個体」を形成する。

個体は免疫系や神経系を発達させて一つの全体的なシステムとして進化していくが、第Ⅰ部の

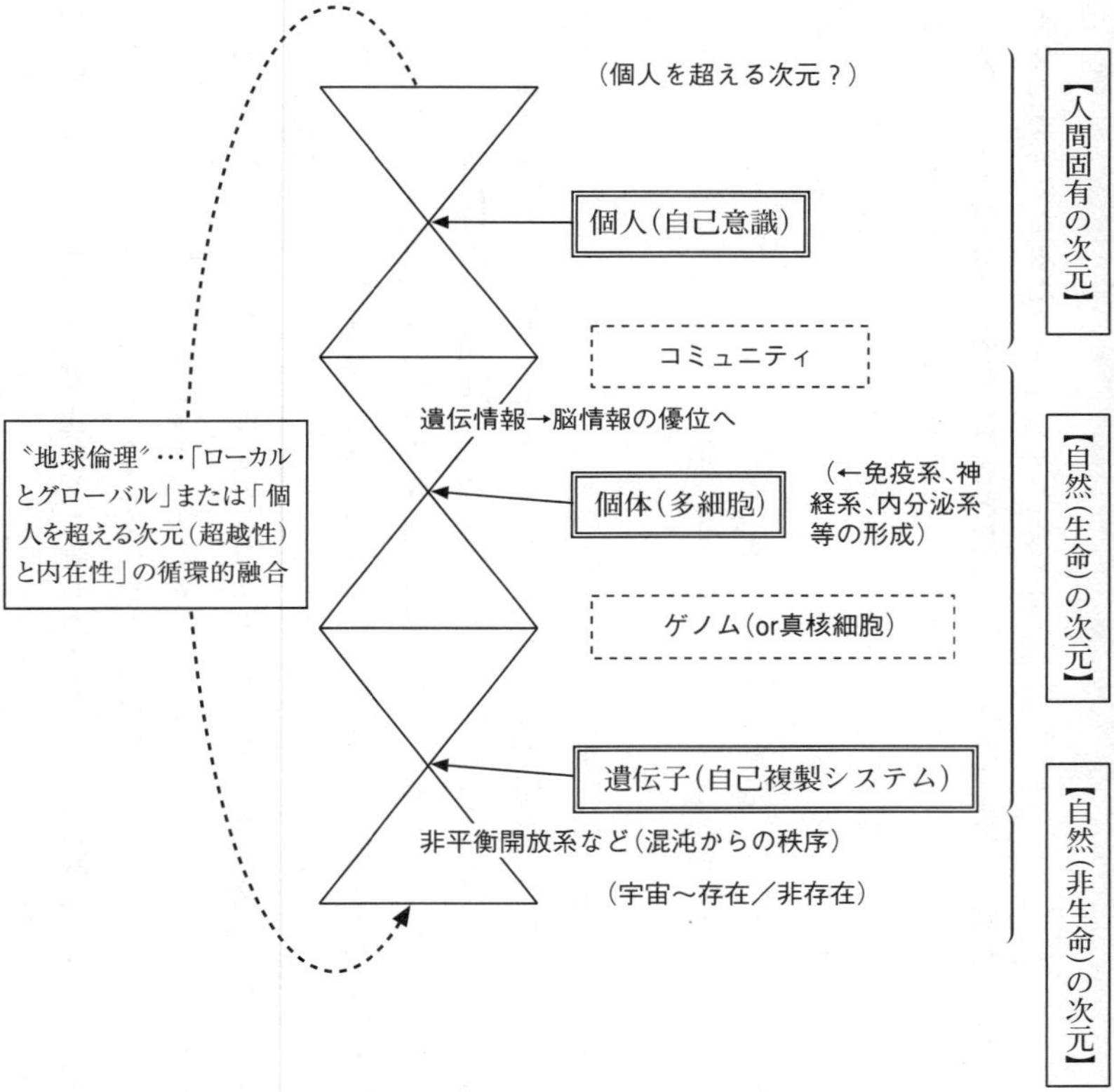

図1　人間・生命・存在の重層構造――〈個〉と〈個を超えるもの〉のダイナミクス

注①　ここでの「遺伝子」は象徴的な表現で、〝自己複製する存在としての「生命」の根源的なユニット（ないしシステム）〟といった意味。必ずしも原初に〝裸の遺伝子（ないしＤＮＡ、ＲＮＡ）〟が存在したという趣旨ではない（たとえば複雑系の理論家で知られるスチュワート・カウフマンの言う「自己の複製に対して触媒作用をもつ化学物質の系」が生命の起源としてここでの「遺伝子」に相当すると考えることもできる）。

②　ここでの「ゲノム（or 真核細胞）」は、生命のユニットとしての遺伝子が複合化したもの、あるいはもっとも単純な細胞形態たる原核細胞が複合化して生じた、より複雑な細胞（真核細胞）を指す。

「情報とコミュニティの進化」でも論じたように、特に脳が発達し、情報伝達の中心が遺伝情報（親から子への遺伝子のバトンタッチ）から脳情報、つまり個体間のコミュニケーションにシフトしていく中で、社会性あるいは「コミュニティ」というものが大きく生成していく。これは哺乳類に顕著だが、こうした社会性ないしコミュニティという性格が飛躍的に強まったのが「人間」という生き物においてだった。

さらに、そうした社会性の発達やコミュニティでの他者との相互作用の中で、自己自身を外側から見るという〝自己意識〟が生成し、後にこれが「個人」という概念につながっていく。

以上、「遺伝子」－「個体」－「個人」という3つの結節点にそくして生物進化の中での人間という生き物について駆け足で見た。これを私たち自身の側から見ると、人間の自我あるいは「私」というものは、以上のようないくつかの次元がいわば重層的に積み重なって存在していると言えるだろう。

つまりそれは、私の中の「遺伝子としての次元（生命ある存在としての私）」－「個体としての次元（身体ある存在としての私）」－「個人としての次元（自己意識ある存在としての私）」という重層構造である。

さらに以上に加えて、①ここで論じてきた「個人を超える次元」というもっとも上層と、逆に②非生命を含む次元（世界に存在するものとしての次元）、さらには存在そのものの根底にある次元（非存在を含む次元、あるいは有と無を超えた次元）までを射程に入れて整理すると、その全体は**図2**のようになるだろう。

↑
個人を超える次元
個人としての次元（自己意識ある存在としての私）
個体としての次元（身体ある存在としての私）
遺伝子としての次元（生命ある存在としての私）
世界に存在するものとしての次元（物質としての私）
存在／非存在を超えた次元
↓

図2　「私」の重層性――幾重かの結節点としての「私」

以上は生命誕生から人間までの話だが、さらに人間の歴史に焦点を移し、それを大きく「狩猟採集社会－農耕社会－近代（ないし産業化）社会」という3つの段階に関連づけて把握するとどうか。

ここで**図1**における「個体」「コミュニティ」「個人」との関係で、

●狩猟採集社会　→「個体」の重要性が相対的に大きい
●農耕社会　→「コミュニティ」の重要性が相対的に大きい
●近代（ないし産業化）社会　→「個人」の重要性が相対的に大きい

という特徴づけを行うことは、（きわめてラフな概括であるものの）次のような意味で不可能ではないだろう。

すなわち狩猟採集社会について見ると、およそ人間という生き物においてはその社会性ないしコミュニティ形成という点が（先述のように）他の生物と比べた場合の際立った特徴であるわけだが、人間の歴史に舞台を移して見た場合、狩猟採集社会が相対的に「個体」の自由度の大きな社会であったことは、近年の人類学などの研究からも示されていることである（広井［2011］参照）。

一方、歴史的には今から約1万年前からとされているが、「農耕」という、集団的あるいは組織的行動をより強く必要とする新たな生産の様式が始まると、個体に対する「コミュニティ」の比重が大きくなっていき、場合によってそれは一定の抑圧や階層化を伴うことになる。これに対し、独立した「個人」なるものを一次的な存在として立て、経済や政治などあらゆる領域においてそれが前面に出る形で大きく展開していったのが「近代」(ないし産業化社会)という時代だった。

地球倫理への道標

以上、「個体」「コミュニティ」「個人」のありようを、生命や人間の大きな歴史の中で駆け足でとらえ返したが、先ほどの**図1**も踏まえ、また本節の前半で述べた、「世界実現」といった表現に象徴されるような最近の若い世代の動きも視野に入れながら今後の展望を考えると、次のような時代の方向あるいはコンセプトが一つの可能性として浮かび上がってくるのではないか。

それは第一に、何らかの意味で(近代的な意味での)「個人」を超えるような方向への志向であり、第二に、しかもローカルな場所や地域・大地(earth)につながるような方向性を含み、結果としてそこに一つの「循環」が生じるような、ローカルとグローバルを包含する志向である。

これは、この後で述べるように私が「地球倫理」という言葉ないしコンセプトで考えているテーマと深く関連している(なお「循環」という点については**図1**も参照されたい)。

以上のうち「近代的な個人を超える」という主題そのものは、ある意味で以前から存在するもので、たとえば70－80年代頃から様々な分野で繰り返し論じられてきたと言えるし、遡れば戦前の日本における〝近代の超克〟論なども、異なる文脈ではあれ同様の論点を含むものだった。

しかしながら、現在生じつつある新たな志向は、「個人を超える」という方向性を持ちつつ、それが抽象的なものとして青天井に拡散していくのではなく、地域再生やローカルなものへの志向を含む形で、上記のような循環を内包しつつ、文字通り〝地に足の着いた〟形で展開し始めているのではないか。

たとえばそれは、第Ⅰ部の「鎮守の森・自然エネルギーコミュニティ構想」のところでふれた、岐阜県の石徹白《いとしろ》地区で小水力発電を通じた地域再生に取り組むＮＰＯ「地域再生機構」の平野さんたちの活動や意識からも感じられることである。

そしてそうしたことが生じる背景には、明示的であるかどうかは別として、人々の間で少しずつ共有されつつある「地球（ないし世界）の有限性」という認識が存在しており、そのことが、「個人を超える」という超越的な方向に向かうベクトルを、（無限の宇宙に向かって発散するのではなく）地上あるいは地域ないしローカルな場所に向かわせる枠組みとして働いているのではないか。

第Ⅰ部の初めでも言及したように、振り返ればヤスパースが「枢軸時代」と呼んだ紀元前５世紀前後、つまり今からおよそ２５００年前の時代においては、インドにおける仏教、中国における儒教や老荘思想、ギリシャにおける様々な哲学、キリスト教の源流たる中東での旧約思想が〝同時多発的〟に生まれた。それらはいずれも個別の共同体を超えた「人間なるもの」という認識を初めてもち、普遍的かつ内的な原理を志向するものだった。

最近の環境史研究などを踏まえると、この時代は農耕文明が生産を拡大していった結果、森林の枯渇や土壌の侵食など、最初の資源・環境的な限界に直面した時代であった。私の理解では、そうした外的な制約にぶつかる中で、それを超えた内的あるいは精神的価値を提起する思想群が生成したのである。そして現在は、ここ３００年前後続いた産業化文明が資源・環境的限界を迎えつつあり、その限りにおいて枢軸時代と同様の状況が生まれつつある。枢軸時代に相当するような、新たな理念や思想、価値原理が生成する時代と考えて何らおかしくないだろう。

この場合、枢軸時代においては〝地球の限界〟といった認識はなかったから、その時代の諸思想が問題にしたのは基本的に〝「宇宙」における人間の位置〟であり、先ほど述べたような「有限な地球の中でのローカルとグローバルの融合」といった発想はなかった。

その意味では、仏教などを含め、枢軸時代の諸思想が「ユニバーサル（普遍的＝宇宙的）」な何かを志向したとすれば、これからの時代に求められる価値原理は、「ユニバーサル」とは異なる意味での「グローバル＝地球的」に関わるものではないか。すなわち「地球倫理」とも呼ぶべきものを掘り下げていくことが今という時代の大きなテーマだろう。

「世界実現」など私の周辺で見られる若い世代の志向に関する話から始め、後半は話が壮大になっていったが、こうした問題意識をベースにしながら本書の後半の考察を進めていきたい。

2 『古事記』と現代生命論
——アジア／地球に開かれたアイデンティティに向けて

いま『古事記』を論じることの意味

２０１２年は『古事記』が編纂されて１３００年で——と言っても、『古事記』が成立したのが本当に７１２年だったかどうかについてはそれ自体様々な議論があるわけだが——、関連の書籍の刊行やイベントなどが行われた。とはいえ必ずしも大きな話題になったというほどではなく、大学のゼミでこのことにふれた時も初めて聞いたという学生がほとんどだった。

かくいう私も、『古事記』の本を手にとって読んだのは40代になってからのことで、大そうなことが言える立場にはない。そしてまた、おそらく現在の大半の日本人にとっても事情は似たりよったりと思われる。〝灯台もと暗し〟ではないが、海外、特に「欧米」のことには多くの見聞や知識を持っているが、日本（やアジア）のことについては案外知らないという人は多い。

しかし私は、以下に述べるように、『古事記』に描かれている物語は、現代の生命論の観点から見ても非常に興味深い内容を含んでいると思われ——それは生命の「自己組織性」あるいはエコロジーと深く関連する――、加えて、日本人にとってのアイデンティティ、とりわけ「アジア／地球に開かれたアイデンティティ」とも呼ぶべきものを考えていく上できわめて重要な意味をもつと考えている。

後者については、あえて現実的な話題に結びつければ、そうした開かれたアイデンティティをもつことは、現在とみに悪化している日本と中国の関係を深いレベルで修復することにもつながるだろう（その大きな理由は、後に述べるように『古事記』で描かれた物語ないし神話のかなりの部分が中国起源のものであるという点に関わる）。

またより根本的には、本書の「はじめに」でも言及した点だが、日本が人口減少社会を迎え、従来のような「拡大・成長」あるいは〝欧米へ追いつけ、追い越せ〟といったベクトルではなく、いわば「離陸」に代わる「着陸」の方向に向けての思想ないし土台をもつにおいても、根底的な意味があると考えられるのである。

以下ではこうしたことについて幅広い視点から考えてみよう。

アマテラスの死と再生――『古事記』における死生観とコスモロジー

まず現代生命論との関わりだが、この関連で取り上げたいのは、よく知られたアマテラスの「天《あま》の岩屋戸《いわやど》」神話である。

あらためて確認するまでもないかもしれないが、概略を記すと、女性の太陽神であるアマテラスは弟のスサノオの乱暴ぶりを嘆き、天の岩屋戸に〝引きこもって〟しまうが、その結果、世界は闇に包まれることになる。このため「八百万の神々」が集まって相談し、岩屋戸の前でにぎやかな祭りを始め、その中でアメノウズメノミコトの乳房をはだけた大胆な踊りにどっと笑ったが、そうした様子を不思議に思ってアマテラスが岩屋戸を少し開いた時、力自慢の神アメノタヂカラオが一気にアマテラスを外に引き出し、こうして再び地上に光が戻ったという話である。

この物語が何を表現しているかについては様々な説や解釈があり（それらについて工藤隆〔2012〕参照）、それはそれ自体で独立したテーマになるものだが、私はやはりこれは「太陽の死と再生」をめぐる物語と理解するのがもっとも自然だと思う。

というのも、こうした「太陽の死と再生」をめぐる神話や行事等は、地球上の多くの地域で広く見られるものだからである。

一例がクリスマスである。私は年の暮れに近づいたこの時期に、大教室の講義での余談として毎年学生に話すことにしているのだが、もともとクリスマス（12月25日）と冬至（12月22日頃）は一致しており、クリスマスは本来〝冬至祭〟というべき性格をもっていた。つまり冬至というのは地球から太陽がもっとも遠ざかり、言い換えれば一日が一番短くなり、そこを起点としてそれ以降は長くなっていくので、いわば〝古い太陽が新しい太陽に生まれ変わる〟日である。まさに「太陽の死と再生」であり、しかも太陽は（春における生命の息吹きに示されるように）生命の象徴としての性格ももっているので、それは生命の再生や循環、あるいは生命力そのものを意味する。

キリスト教が浸透する以前、地中海沿岸の地域にはミトラ信仰と呼ばれる太陽崇拝の自然信仰があった。そうした地域にキリスト教を布教しようとした人たちは、〝まさにキリストもまた、太陽が新しく生まれ変わる冬至の日に生まれた〟と語り、キリスト教の信仰がその地の伝統的な信仰とも連続することを説いたのである。このようにもともと「クリスマス」と「冬至」は一致しており（フランス語でクリスマスを意味するNoëlは、もともと「新しい太陽」という意味らしい）、しかも実はそれは「元日（1月1日）」とも一致していたのだが、当時の天文学ないし暦に関する知識の不十分さから、それらは少しずつ〝ずれて〟いき、ずれに気づいた段階で固定されたので、現在では冬至とクリスマスと1月1日は〝微妙に〟ずれているのだ。

話が少々脱線してしまったが、話題をアマテラスに戻すと、要は「太陽の死と再生」をめぐる神話や行事は地球上の各地に広く存在し、しかもそれは「太陽」や「生命」の象徴的あるいは根源的な重要性からすればごく自然のことであり、「天の岩屋戸」神話も、そうした「アマテラス（＝太陽）の死と再生」の物語として理解するのが妥当ではないかということである。

『古事記』をめぐる3層構造

さて以上は前提的な話で、ここでの本題はもう少し先にある。

それが現代生命論との関わりという点につながるのだが、そうしたテーマを考えるにあたり、先ほどのアマテラスの話を含め、『古事記』という書物が当時においてもった社会的あるいは政治的な意味ないし背景を見ておく必要がある。

『古事記』は言うまでもなく当時の大和朝廷（＝古代国家＝ヤマト政権）が、対外的かつ国内的に、自らの政権の正統性を示すことを中心的な目的として編纂された書物である。

議論を大幅に急ぐことになるが、私なりに整理すると、当時の日本社会は、大きく以下のような3つの層が、いわば重層的に積み重なる形で構成されていたと言えるだろう。すなわち、

(a)「縄文的」な層　……狩猟採集社会
(b)「弥生的」な層　……農耕を基盤とする共同体（ムラないし小規模なクニ）
(c)「律令的国家」の層　……都市的制度ひいては普遍宗教（仏教、儒教等）

という3層である。

これはもちろん歴史的・時間的な軸とも関連しており、(a)がもっとも古く、その上に(b)が乗っており、さらにその上に(c)が存在するという構造があり、そしてヤマト政権は他でもなく(c)としてこれらを統括するポジションにあった。

また、以上の(a)～(c)は、それぞれの時代に日本列島に渡ってきた人々あるいは民族と対応するものだった。ごく大きく言えば、(a)は南方系の民族、(b)は中国の南部（長江流域や雲南省など）、(c)は朝鮮半島ないし中国北部との関わりが深いと言えるだろう。

そして『古事記』の物語は、一言で言えば以上のような3つの層を、(c)を軸にしつつ「統合」するものでもあったわけである。

この場合、(a)の層の代表的存在としては、九州南部を中心に居住していたいわゆる「隼人《はやと》」があり、漁業を生業とし「海人《あま》」とも言われ、インドネシアなど南洋起源ともされる。他方、(b)の層は弥生以降の農耕をベースとしたムラないしクニで、ヤマト政権と対立した地域であり、「出雲」はその代表である（神としてはオオクニヌシ）。

信仰あるいは宗教との関わり

加えて、ここで重視したいのはそこでの信仰あるいは（広い意味での）宗教のあり方である。

まず（a）の層はアニミズム的な自然信仰と重なり——「アニミズム」という用語はネガティブな含意で使われることがあるので注意が必要だがここではひとまず使用する——、これについては、自然の中に単なる物質的なものを超えた何かを見出す自然観という意味で「自然のスピリチュアリティ」という表現を私自身は用いてきた。また（b）の層は農村共同体的な秩序に関わり、一部シャーマニズムと結びつく場合がある。

そして（c）は、さしあたっては古代国家における（文字や階層的秩序と一体になった）宗教で、〝宗教の進化〟を唱えたロバート・ベラーが「古代宗教」と呼んだものと符合するが、さらにそうした個々の古代宗教を超えたところに成立するのが、（本書でも何度かふれてきた枢軸時代に成立した）仏教や儒教、キリスト教などのいわゆる「普遍宗教」である。

なお基本的な確認となるが、『古事記』が成立した当時（712年）において、仏教や儒教は既にかなり前に日本に到来しており（仏教伝来は538年説や552年説があり、またそれ以前から一部の層には浸透していたとされる）、また、ある意味で日本古来の自然信仰ないし神道と「普遍宗教」たる仏教・儒教を最初に統合したと言える聖徳太子が活躍したのは6世紀末前後なので、『古事記』はそれよりもかなり後に書かれた書物である。つまり上記のような普遍宗教は（〝外来〟のものとして）既に日本社会にある程度浸透しつつあり、それらとの緊張ないし対立関係を内には

	社会の基本的性格	信仰ないし宗教	代表的存在	アマテラスの複合的性格
(a)「縄文的」な層	狩猟採集社会	自然信仰（アニミズム）	隼人	アニミズム的太陽神
(b)「弥生的」な層	農耕を基盤とする共同体（ムラないし小規模なクニ）	農村秩序（一部シャーマニズムなど）	出雲（〜オオクニヌシ）	シャーマニズム的側面
(c)「律令的国家」の層	都市的制度ひいては普遍宗教（仏教、儒教等）	古代宗教→普遍宗教（仏教、儒教など）	ヤマト政権	統合的側面

表 『古事記』をめぐる日本社会の3つの層

らみつつ、それと伝統的な世界観を統合する書物として『古事記』は書かれたことになる。

3層の統合とアマテラスの複合性

議論が錯綜してきたので、以上のような『古事記』の時代における「3つの層」をめぐる内容をまとめると**表**のようになるだろう。

先ほども述べたように、以上のような3層を、（c）を軸にして統合するというのが『古事記』という書物の基本的な性格でありまた企図であった。このことは、アマテラスという『古事記』の中心に位置する存在の複合的性格に集約的に示されていると言えるのではないだろうか。

つまりアマテラスは、基本的には3層の最上層たる（c）に位置しているのだが、それは決して普遍宗教に見られるような合理的・非人格的な存在ではなく、その「女性の太陽神」という性格自体が「自然信仰」的な（a）の層を示している。また、（アマテラスが卑弥呼とつながっているという説をめぐる議論はここでは置くとして）それは女性神ということも関連して、大地母神という形ではないにしても、農耕社会での信仰に関わる（b）の層を含んだものではないだろうか（この点は、後でもふれる『古事記』のこうした部分と中国の長江流域や雲南省の農村社会との起源的なつながりという論点とも関連するだろう。ちなみに上田正昭氏はアマテラスの「農耕の神」としての性格について論じている（上田［２０１０］）。

『古事記』における「海」

そして、この3つの層の「統合」という点は、アマテラス自体の複合的性格にとどまらず、さらに次のような『古事記』神話を貫くダイナミックな構造をなしている。

前提として確認すると、アマテラスから初代天皇（神武）へのストーリーの骨子は、

①アマテラスの孫のホノニニギノミコトが地上に降臨（＝天孫降臨）

②ホノニニギノミコトが地上の、隼人の居住地でもあった阿多《あた》の名をもつカム（神）アタツヒメ＝コノハナサクヤヒメと結婚してホデリノミコト（海幸彦）とホオリノミコト（山幸彦）を生む

③山幸彦と海の神の娘（トヨタマヒメ）が結婚し、その子の子が初代天皇（神武）

という展開になっている。

ここで興味深いのが、この一連のプロセスにおいて二重に「海」の要素が入っていることである。つまり、②のところで地上に降りたホノニニギノミコトと結婚するのは「海」を象徴する（縄文的な）隼人の女神であり、また③のところでさらにその子の山幸彦は海の神の娘と結婚する。

もちろん、これは他でもなく先ほどの3層構造の（a）にあたる「縄文的なもの＝隼人的なもの」を、ヤマト政権が支配し統合していった過程と関連しているわけだが、しかしそれは単純な〝支配・統合〟に尽きない要素をもっているように思われる。つまり「海」に象徴されるような縄文的要素、言い換えればアニミズム的あるいは自然信仰的な世界観は、むしろ『古事記』の中で基底的と言えるほどの重要な存在として脈打っている。

さらに、アマテラスの弟たるスサノオ自体がもともと「海」の神として誕生したことを考えれば、『古事記』の物語は幾重にも「海」の要素を取り込む形で進行するとも言えるだろう。

『古事記』と現代生命論――生命の自己組織性

ここで、話を冒頭の「天の岩屋戸」神話に戻そう。

先に述べたように、「天の岩屋戸」神話は太陽神たるアマテラスの死と再生、つまり「太陽の死と再生」を表現する物語と私は理解するが、思えばそのようにアマテラスを岩屋戸への引きこもり、つまり「死」に追いやったのは、他でもなく弟スサノオだった。そうすると、アマテラスの「死と再生」の原因となったスサノオとは何を象徴しているのか、あるいはアマテラスとスサノオの対照は何を表現しているのかという疑問が生まれる。

話が大きく飛躍するのをいとわず続けると、私としては、以下に述べるような現代の生命論における「生命＝自己組織性＝〝混沌からの秩序〟形成」という把握が、ここでのアマテラスと重なると考えてみたい。

この点を明らかにする前提として、近代科学における「生命」観の流れをごく駆け足で概観してみよう。

「生命」の理解については、近代以降、基本的にいわゆる機械論的な把握がメイン・ストリームとなり、本書の第I部でもふれた、たとえば19世紀におけるドイツの生物学者ハンス・ドリーシュの（新）生気論などに象徴される非機械論的な生命理解は〝非正統的〟なものとして脇に置かれていった。

この方向は20世紀半ば以降の分子生物学の興隆によって決定的となり一層加速していくことになったが、一方では、量子力学で知られるシュレディンガーが著書『生命とは何か』（１９４４年）で提起した、エントロピーとの関連での生命理解という議論があり（8節参照）、これらとも関連しつつ、ベルギーの物理学者イリヤ・プリゴジンは非平衡熱力学という分野を開拓し（１９７７年にノーベル化学賞を受賞）、自然界における物理化学的な現象として「混沌からの秩序」形成がありうることを示した。これは、自然現象は放っておけば（エントロピー増大則のもとで）ただ「無秩序」が増えていくだけとする従来の理解とは異なる自然観ないし世界観と言える。

そして、解釈は分かれうるが、これは機械論的な自然観を超えた、いわば〝自己形成的な自然〟観とも言えるような自然理解につながるものである。

実際、プリゴジンが著書『混沌からの秩序』の中で繰り返し論じているのも、そのような自然の理解を行うことで、近代科学の機械論的な枠組みで生じてしまう「人間と自然」の間の分断に何とか橋渡しをしていこうというモチーフだった（プリゴジン、スタンジェール〔１９８７〕）。なお〝自己形成的な自然〟と各文化圏の「自然」概念について伊東〔1985〕参照）。

この場合、以上のような「混沌からの秩序」形成そのものは、「生命」現象以前の段階で、物理化学的な現象として生じるわけだが、これがさらに高次化し、「自己複製」という要素まで含むようになるのが「生命」ということになる。

こうした議論を以前から展開しているのがバレーラやカウフマンといった論者であるが（マトゥラーナ、バレーラ〔1997〕、カウフマン〔2008〕）、大きく言えばこうした（自己組織化論としての）生命論は、なお「論」としての段階にとどまっており、いわゆる生命科学のメイン・ストリームとしてはなお機械論的な自然理解が中心とも言えるだろう。しかしおそらくこうした「自己組織性としての生命」理解や「自己形成的な自然」観は、今後自然科学の領域においても前面に出てくるものと私自身は考えている。

現代生命論と『古事記』のコスモロジー

そして、以上のような「自己組織性ないし秩序形成としての生命」という現代生命論の把握は、まさに『古事記』のアマテラスに示される生命像と重なるのではないかというのがここでの主張である。

すなわち、まずアマテラスとスサノオの対照を確認すると、それは、

●アマテラス（太陽）＝生命＝自己組織性ないし「（混沌からの）秩序」

●スサノオ（海）　＝混沌　（非生命的な自然あるいは死）

という対照として理解できるのではないか。

すなわち『古事記』におけるアマテラスは、混沌から秩序を生み出すものとしての、あるいは「自己組織的」な存在としての「生命」そのものである。それは「混沌」と対立しつつ、「死と再生」によって生まれ変わり、さらには混沌をも内部に含んで生成していく。

そして、先ほど『古事記』におけるそれ以降のストーリー展開にそくして論じたように、スサノオとの対立を踏まえた「死と再生」があり、さらにもう二度にわたり「海」の要素（コノハナサクヤヒメ、海の神）を取り入れながら物語が展開していくという内容は、「混沌をも内包した動的な生命秩序」ともいうべき生命観・世界観を表現している、と把握できるのではないだろうか（ちなみに「海」は文脈によっては「生命」を象徴する概念ともなりうるが、ここではあくまで混沌ないし非生命的な自然のシンボルとして描かれている〔スサノオの関連で出てくる暴風や津波などのイメージ〕）。

さらに言えば、「混沌たる自然」に対して、それを完全に排除あるいは支配してしまうのではなく、それを内部に包含しながらより高次の秩序を形成していくという世界観は、ある意味でエコロジー的な自然理解とも言えるだろう。

ところで、「カオス（混沌）―ノモス（現世的な秩序）―コスモス（混沌をも含んだより高次の宇宙的秩序）」という構造が人類学などで論じられてきたが、『古事記』のストーリーは他でもなくこうした構造と重なる（**図**参照）。それは混沌としてのカオスをも包含したコスモス、あるいは死をも内包した生命あるいは宇宙ともいうべき世界観ないしコスモロジーである。

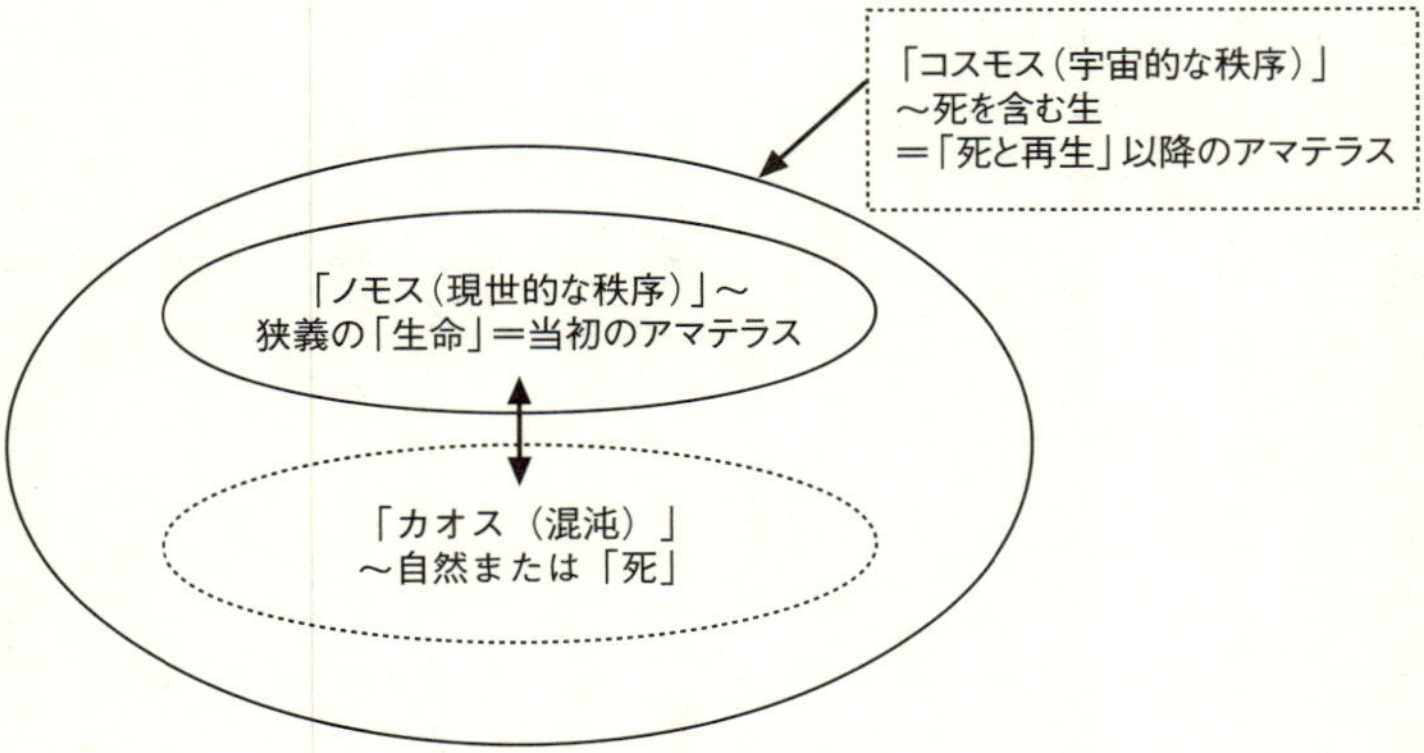

図　カオス・ノモス・コスモスの構造と『古事記』神話

そして**図**に示すような構造は、「自己組織性としての生命」あるいは「自己形成的な自然」という現代の生命論と呼応するとともに、それをさらに超えて「死」をも包含した、より全体的な世界観・宇宙観を示していると も言えるだろう。

若干付言すると、以上のような『古事記』のコスモロジーは、「混沌と秩序」をめぐる理解において老荘思想の世界観に通じるものがあると言える。これは『古事記』の時代に既にそうした思想が（道教的な思想も含めて）日本にかなり入っており、その影響という面があるだろうし、他方、いわゆるニューサイエンス的な議論を含めて、現代の自己組織化論や「混沌からの秩序」論などが（先のプリゴジンらを含めて）しばしば老荘思想や中国哲学に言及する文脈ともつながる。

同時にまた、以上のような「混沌と秩序」、「自然と人間」、「非生命と生命」等をめぐる世界観の構造は、単に抽象的な理念として想像されたのではなく、ここで述べてきたような当時の日本社会の3つの層、つまり縄文的＝隼人的な層（自然信仰）、弥生的な農村秩序と世界観、そしてそれらを統合する（律令的制度や普遍宗教に親和的な）層という3つの社会的構造とも連動したものだった。

アジア／地球に開かれたアイデンティティに向けて

最後に「アジア／地球に開かれたアイデンティティ」というもう一つの論点にごく簡潔にふれておこう。

興味深いことに、以上述べてきたような『古事記』の物語ないし神話は、その素材を東南アジアや中国南部など、アジアの各地に広く依拠する形で成立している。

こうした「日本神話の起源」については、松村武雄、大林太良等々といった人々によって幅広く研究されてきた。また特に最近では、中国南部の雲南省などでの少数民族における〝歌垣〟などの丹念なフィールド・ワークに基づいて、本稿で述べた「天の岩屋戸」のもっとも古層の部分を含め、『古事記』神話のかなりの部分がそれら中国南部における神話に源流をもつと考えられることを論じてきた工藤隆氏の著作が、私などにとっては特に印象深いものだった（工藤〔2006〕、同〔2012〕）。

ここで重要な視点は次のようなものである。日本人のアイデンティティということで、それを『古事記』などの日本神話にそくして論じるような作業は、一見するときわめてナショナリスティックで〝国粋主義的〟な試みになるようにも思える。ところが、ある意味で逆説的とも言えることだが、おもしろいことに、そのようにして『古事記』神話などに示される〝日本ないし日本人の源流〟をたどればたどるほど、それは見事に「反転」する。

つまり、そこに開けてくるのはそもそも「日本」あるいは「日本人」という存在自体が中国やアジアに向かって大きく「開かれた」ものであり、つまり日本あるいは日本人というアイデンティティそのものが中国やアジアをその内に含むもの、あるいはその〝境界〟自体が連続的なものであるという事実なのである。『古事記』の日本神話のような、ある意味で日本社会の〝核〟にあると思われてきた存在そのものが、中国や東南アジアと深く関わり、そこに源流をもっているということは、アイデンティティの根幹に関わるものと言えるだろう。

加えて、『古事記』神話が示すのは「アジアに開かれたアイデンティティ」という次元のみにとどまらない。先ほども述べたように、アマテラスを軸に展開される自然観・生命観は、現代の生命論（自己組織的な生命）に親和的であると同時にエコロジー的でもあり、いわば「地球に開かれたアイデンティティ」と呼べるような世界観に発展しうる可能性をもっているだろう。

本書の「はじめに」でも述べたように、人口減少社会となり、「拡大・成長」に向かってただひたすら「離陸」していくという時代が根本的に終わり、これからは「着陸」の時代となる。そこにおいて、これまで成長・拡大という路線の中で脇にやり見失ってきたアイデンティティあるいは価値のよりどころという問題に、日本人ないし日本社会は根源的なレベルで直面していくことになるだろう。

そうした文脈において、本節で述べてきたように『古事記』神話を現代的な問題意識の中で読み返すとともに、そこから「アジア／地球に開かれたアイデンティティ」を構想していくことが、今こそ求められていると思えるのである。

3 「成長のための科学」を超えて

経済成長と科学

2011年3月に起こった東日本大震災が、福島第一原発の事故をめぐる問題に象徴されるように、科学技術あるいは近代科学のあり方についての根本的な再考を私たちに提起してきたことはあらためて言うまでもない。実際、原発問題や放射性物質のリスクへの対応を含め、今回の震災と科学技術の関わりについて、様々な視点からの議論が既に無数とも言える規模でなされてきたとも言える。しかしながら、その中で、意外にも十分に論じられていない本質的な話題があるのではないか。それは「経済成長と科学」というテーマである。

本節の中で様々な角度から見ていくように、「経済成長」という価値ないし社会の目標と、科学・技術というものは、分かちがたい形で結びつき、またそれに関する政策が展開されてきた。ここで、「そもそも科学（ないし技術）は何のためにあるのか?」というもっとも基本的な問いを立てた場合、その「何」にあたる主要な柱として、特にある時代以降大きな意味をもつようになったのが、「経済成長」という価値ないし目標だったと言える。

とりわけ、電力供給やエネルギー政策といった領域は、いわば経済成長に関する国家の基本戦略に関わるものであり、したがってそれに関連する科学・技術のありようが、経済成長という目標と密接不可分のものとなることは半ば必然的な帰結であるだろう。

したがって、「3・11」後の科学・技術のあり方を問うことは、「経済成長と科学」の関係というテーマ、ひいては経済成長という価値そのものやその意味を議論すること抜きには完結しないのではないか（たとえば、現在その継続をめぐって様々に議論されている「原発技術の輸出」政策についても、それが明示的に打ち出されたのは2010年の「新成長戦略」においてであった）。

水俣の経験から

ここでもう1点、議論がややシンボリックな性格のものとなることを承知の上で、指摘しておきたい論点がある。それはかつての「水俣」をめぐる展開と、今回の「福島」をめぐる展開におけるある種のアナロジーである。

産業公害におけるもっとも悲惨な事例としての水俣と、原発事故におけるもっとも深刻な事例としての福島という、二つのことが、いずれも日本において起きたということの意味を、私たちはあらためて考えるべきではないか。また、そこにある種の構造的な同型性ともいうべきものが存在してはいないかということを、問うてみるべきではないか。そしてより根底的には、それはこの日本社会における、様々な「価値」の優先順位づけにおいて、私たちはどこかで根本的な間違いを犯してきはしなかったか、という問いにつながるものである。

こうした点に関し、社会学者の見田宗介は著書『現代社会の理論』の中で、水俣への対応に関する次のような興味深い議論を行っている。

水俣湾の漁村で異常が起こるようになって数年後の1956年、熊本大学医学部の研究班によって異常の原因は肥料工場の排水にあることはほぼ確実であるとされ、1959年までには有機水銀化合物による病理も解明されてきた。こうした研究を総合して、59年11月には厚生省の水俣病食中毒部会は、水俣病は水俣湾に生息する魚介類を大量に摂取することによって起こる中毒性疾患であり、その主因はある種の有機水銀化合物であるとの答申を行った。

これに対し当時の通産大臣であった池田勇人は、水俣病の原因が企業の公害であると断定するのは早計であるとの発言を翌日の閣議で行い、肥料生産の操業を停止することは留保され、その後9年間にわたって、廃水の排出は続行される。意外なことに、アセトアルデヒドの生産量はこれ以降かえって増大し、1960年代後半に至るまで湾内の水銀量は増加しつづけ、被害を広く不知火海全域に拡散していくことになる。

池田勇人は上記の「留保」の翌年（1960年）には総理となり、持論の〝所得倍増計画〟とともに、日本の「奇跡の経済高度成長」を主導していくことになる（以上につき見田〔1996〕参照）。

私は、経済成長という価値を一律に否定しようとは思わないし、また、ある政策や行為の責任を特定の個人や団体に帰することで問題が単純に解決するといった思考法はとらない者である。しかしながら水俣の問題も、原発問題への対応も、いずれも「経済成長と科学」というテーマに深く連動しており、そうしたことを日本社会のありようやそこでの「価値」と合わせて考えることなしには今後の展望はありえないということは、確かなことではないだろうか。

科学をめぐる3つのステップと「成長のための科学」

以上のような問題意識を踏まえた上で、では私たちは「経済成長と科学」というテーマについてどのような視点で考えたらよいのか。

この問題についての大きな視座を得るために、近代以降の長期的な歴史の流れの中での「科学」のあり方の変容を、社会ないし時代の構造との関わりにおいてまずとらえ返してみよう。ここではそれを以下の3ステップに分けてみたい。

第一のステップは、17世紀の西ヨーロッパで起こった「科学革命 Scientific Revolution」であり、これがいわゆる（西欧）近代科学の成立にあたる（ここでの「近代科学」の意味については後にもう少し掘り下げたい）。この時代は同じくヨーロッパを起点とする「市場経済」の拡大ないしグローバル市場の形成期とも重なっており、科学革命を伴ってヨーロッパが世界を〝制覇〟していくことになる。

第二ステップは、19世紀を中心とする「科学の制度化」である。これは18世紀後半に生じた産業革命を契機とする、急激な産業化ないし工業化の進展において生まれたもので、研究機関などを含めて国家が科学に関する様々な制度を整備し、またその中で（それまではパトロンの私的な庇護の下でのアマチュア的存在であった）「科学者」が職業として成立するようになる。

また、今日私たちが考えるような大学・学部や学会などがこの時期に成立し、並行して現在に続

(1) 17世紀：「科学革命」 ・いわゆる（西欧）近代科学の成立 ・市場化の時代（独立した個人による自由な経済活動） (2) 19世紀：「科学の制度化」 ・産業化（工業化）の時代 ・国家による研究機関や大学システム等の整備 ・職業としての「科学者」の成立、現在につらなる学問分野の形成・制度化 (3) 20世紀半ば〜：「経済成長のための科学」という枠組みの成立 ・いわゆるケインズ政策との連動 ・政府による大規模な研究投資（典型例としてのアメリカ：「科学国家」） ・〝科学の体制化（incorporation）〟（廣重徹）

表１「科学と社会」をめぐる大きな流れ——その３つのステップ

く物理学、化学、生物学、経済学、政治学などといった学問分野が確立し制度化されていく（科学の制度化については、たとえば中山〔１９７４〕参照）。

第三のステップは、20世紀後半のいわゆるケインズ政策の時代であり、ここで初めて「経済成長」という目標が（ＧＮＰの増加といった明確な数量的指標を伴う形で）国家の政策目標として掲げられるようになる。そして、政府がそのための様々な公共投資を行うことになり、こうして経済成長という目標と連動した形での大規模な科学技術予算の投入が行われるに至る。科学史家の廣重徹はかつて「科学の体制化」という議論を展開したが（廣重〔１９７３〕）、実質的にはそれはここでのケインズ政策的な文脈と重なっていると言える（以上につき**表１**参照）。

ちなみにこれらの点に関し、元ハーバード大学学長のデレック・ボックは、最近の著書『幸福の研究（原題は*The Politics of Happiness*）』の中で、「経済成長を最優先することが、二〇世紀における最重要の思想であったのは疑いない」という歴史家ジョン・マクニールの言葉にふれながら、「経済成長が政府の目標として最重要となったのは比較的最近のことである。アメリカでは第二次世界大戦後になってはじめて、景気循環の抑制や大量失業の回避といった長年の優先事項に代わって、成長が経済政策の主要目標となった」と述べている（ボック〔２０１１〕）。

こうした展開は、「経済成長」に関する〝指標〟の整備ということと不可分であり、１９２９年に始まる世界恐慌を受けて、アメリカ商務省は後にノーベル経済学賞を受賞することになるサイモン・クズネッツに「国民経済計算」（ＧＮＰ統計の基礎となるもの）の開発を依頼し、そうした指標の整備が20世紀後半の「経済成長」政策の基盤ともなり、国家の政策を大きく方向づけていった。そして20世紀後半の科学・技術は、他でもなくこうした枠組みの中に規定される形で展開していったことになる。ルーズヴェルトの科学技術顧問であったヴァネバー・ブッシュが、戦後アメリカの科学技術政策を決定づけた著名な報告書『科学──その終わりなきフロンティア（*Science: the Endless Frontier*）』（１９４５年）で提示したのもそうしたビジョンだった。

正確に記すならば、ここで述べているケインズ政策（政府が市場経済に積極的に介入し、それによって需要拡大そして経済成長を図る）の枠組みにおいて、具体的にどの分野に政府が重点的な介入を行うかについては、国によって大きな相違があった。ヨーロッパの場合、「ケインズ主義的福祉国家 Keynesian welfare state」という表現に象徴されるように、政府は社会保障ないし福祉の整備・充実など「所得再分配」政策を積極的に展開し、それを通じた需要拡大と経済成長を図っていったが、アメリカの場合、そうした社会保障や再分配政策はミニマムなものにとどめ、むしろ「科学」研究への投資に圧倒的な力を注いでいった（なお次節でも述べるように、時代により一定の変動があるものの戦後アメリカの科学研究予算の過半は軍事ないし防衛分野のものである）。ここに見られるのは〝「福祉国家 welfare state」と「科学国家 science state」〟とも呼ぶべき、ケインズ的成長政策における重点分野のコントラストである（広井〔２００３〕参照）。

「経済成長のための科学」を超えて

しかし近年に至り、状況は大きく変化しつつある。たとえば「経済成長あるいはＧＤＰの増加が必ずしも人々の幸福度や生活満足度に結びついていない」といった点を示す様々な研究が示されるようになり、本書の中でも言及してきたように、フランスのサルコジ大統領の委託を受けて、ノーベル経済学賞を受賞したスティグリッツやセンといった経済学者が、２０１０年には「ＧＤＰに代わる指標」に関する報告書を刊行するに至っている（Stiglitz, Sen 他〔２０１０〕）。リーマンショック後の不況や最近のアメリカ、ヨーロッパでの経済不安など、現在の経済社会システムのあり方をどこかで根本的に考え直していかなければならないという認識が、人々の間で共有されつつあることの反映とも言えるだろう。

本節で論じてきたように、科学の「第三ステップ」としての20世紀後半においては、科学は国家の政策において（その莫大な研究投資とともに）大きく方向づけられることになり、しかも、その

〝方向づけ〟の先にあったのは、他でもなく「経済成長あるいはＧＤＰの拡大」という目標ないし価値であった。

その目標ないし価値そのものが、いま根本から問いなおされつつある。それは「科学は『何』のためのものなのか」という問いにストレートに結びつくはずの変化であり、同時に、科学の中身そのものの再考を迫るような時代の構造変化ではないだろうか。

ここで詳細を論じる余裕はないが、近代科学の特質は、究極的には、①人間－自然の切断と自然支配・制御（コントロール）、②帰納的な合理性ないし要素還元主義という二つの点に集約されるものであるだろう。このうち①は「人間と自然」の関係に関わるもので、他方、②の背景には「独立した個人」という前提が働いており、また①は主に産業化（工業化）と、②は市場化（独立した個人による自由な経済活動あるいはアトミズム的な社会観）と関連している。これらが相まって経済（あるいは自然資源消費）の拡大・成長という大きなベクトルを形成してきたと言えるだろう（左頁図）。

ケアとしての科学／ローカル・コミュニティに根ざした科学の可能性

「経済成長のための科学」というあり方を根本から問うていくことは、こうした近代科学の性格そのものを考え直していくことになるのではないか。議論を急げば、私自身としては、そうした科学の方向として、上記の①②のような方向とは逆のベクトル――「ケア」という概念で表現されてきた方向――を包含・統合するような、「ケアとしての科学」とも呼ぶべき科学の姿が構想されてい

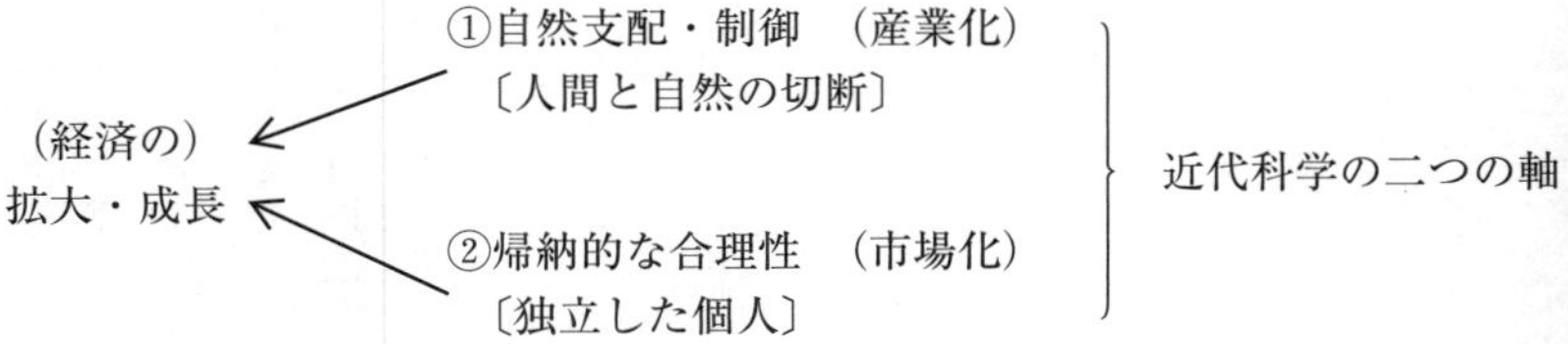

図　経済の「拡大・成長」と科学

	サイエンス（科学）	ケア
人間－自然の関係	人間－自然の切断と自然支配・制御 ～単線的な因果関係の追求	対象との相互作用 ～非因果的な相互連関への注目
個人－社会（個と全体）の関係	帰納的な合理性 ～要素還元主義	事象の個別性や一回性の重視 ～対象の全体性

表2　サイエンス（科学）とケアの分裂と統合

くべきではないかと考えている（**表2**参照）。

もう1点、これからの科学は、その「担い手」に関しても大きく変容していくことになるだろう。先ほど20世紀後半のケインズ政策的な文脈における〝「福祉国家」と「科学国家」〟という視点を述べたが、そうした時代は、言い換えれば「国家」の役割がきわめて大きなものとなり、中央政府が統合的に市場経済に介入する中で経済成長を図るという構図が強化された時代でもあった。

しかし今後のポスト産業化ないし成熟経済の時代においては、福祉国家などの文脈で〝新しい公共〟といったことが議論され、NPOやコミュニティなどが福祉の担い手として重要な役割を果たすようになるのとパラレルに、科学の分野においても、国家ないし中央政府以外の多様な主体がその担い手として大きな意味をもつようになるのではないか。

たとえば地域における自然エネルギー自給や、あるいは地域コミュニティにおけるリスク管理ないしリスク・ガバナンスといった領域において、一定の専門的知見を備えた非営利組織や一般住民などが、科学に関連する様々な調査研究や事業に「参加」していくという方向が大きく展開していく時代になるだろう。ローカルなコミュニティに根ざした科学の可能性である。

3・11以後の私たちに求められているのは、科学に関するそうした根底的な議論である。

4 「もうひとつの科学」は可能か

前節でも述べたように、「3・11」を契機として科学や技術のあり方が根底的に問いなおされ、多くの議論がなされてきたことは言うまでもない。一方、2008年のリーマンショックやそれ以降の金融危機、現在も続く先進諸国の経済不安など、資本主義システムがある種の構造的な不安定に陥っていることは確かであり、本書の中でも幾度かふれてきたように、ブータンのGNHや「GDPに代わる経済指標」に関する様々な検討など、経済成長と「豊かさ」をめぐる議論が大きく浮上しているのが現在である。

こうした歴史の変曲点ともいえる状況において、これからの科学や技術のあり方について、どのような展望がありうるのだろうか。ここではそうしたテーマを、「科学は〝ひとつ〟なのか」という問題意識を軸に、「アメリカ的科学の相対化」、「科学の社会化」といった視点から考えてみたい。

科学の地政学と「アメリカ的科学」の相対化

議論の手がかりとして、「科学の〝地政学〟」と呼べるような話題から見ていこう。ここでいう科学の地政学とは、「ある時代において、どの国の科学が〝力〟をもち、その時代の科学のあり方を規定するか」という話題に関するものである。

17世紀に科学革命と呼ばれる現象が西ヨーロッパに生まれて以降、「科学の〝地理的〟中心」が種々の要因とともに変遷してきたという話題は、科学史ないし科学社会学等の領域においては既に様々な形で論じられてきた（たとえばベン－デービッド〔1974〕、中山〔1974〕、吉田忠〔1980〕、薬師寺〔1989〕、古川〔1989〕等）。

具体的には18世紀までのイギリス→19世紀前半のフランス→19世紀後半〜20世紀前半のドイツ→20世紀半ば以降のアメリカといった科学的中心の移動であり、こうした「科学の地理的中心」の移動が、それを支えた制度的基盤とともに吟味されてきた。もちろん、この話題は時間軸を広げれば、近代に至るまでのギリシャ、中国、インド、イスラム等の諸科学をめぐる話題に広がっていく（伊東〔1985〕）。

ここで20世紀後半以降の科学・技術の基本的な性格や方向づけを把握する意味で、この時代において圧倒的な位置にあるアメリカ的科学について考えてみたい。

いま「アメリカ的科学」という表現を使ったが、そもそもアメリカ的科学なるものなど存在するのか、あるいは一般に科学に〝国籍〟などあるのか（科学というものは、国や文化を超えて普遍的・一義的なものではないか）という問いは、「科学」の意味をめぐる根源的なテーマとなるもので、それ自体独立して論じられるべきものである。

したがって、以下の議論はこうしたテーマを考えるにあたっての基本的な視点を提供するという性格にとどまるが、私としては、ここで科学の「アメリカ的性格」と呼んだものを、その①制度的・政策的側面と②内容面の二つにわけてまず簡潔に記してみよう。

①制度的・政策的側面とは、「どの分野（領域）の科学に、どのような目的のために予算を重点的に配分するか」という点に関するものである。**図1**は、アメリカ連邦政府の研究開発予算の推移を見たものだが、１４００億ドル（10兆円規模）に上る巨額の予算のうち、約6割を軍事（国防）関連の研究開発が占めている（２００９年度で57％）。これは戦後アメリカの科学政策において一貫しているもので、冷戦状況の厳しかった１９５０年代や、レーガン政権時代の80年代後半などはその割合が特に高かったが、基本的なパターンは現在も変わっていない（この中には自ずと核関連技術が含まれる）。

そして、戦後アメリカの科学政策のもう一つの特徴は、軍事分野以外では、医療ないし生命科学分野（biomedical research）に圧倒的な研究開発投資を行ってきたことである。その象徴的存在は、世界最大の医学・生命科学研究機関といえるＮＩＨ（National Institutes of Health：国立保健研究所）だが、たとえば２００９年度の政府研究開発予算のうち、国防省予算を除く部分の4割強（43％）をＮＩＨの予算が占めており、さらに基礎研究のみに注目すれば、ＮＩＨは軍事関連を含む全研究開発予算の約6割を占めているのである。**図2**は国防関連以外の連邦政府研究開発予算の分野別推移で、医療分野の大きさが目立っている。

実は、このようにアメリカにおいて医療分野の科学研究予算が際立って大きい一つの背景としては、「公的医療保険」の整備という面での政府支出が非常に小さいという点も挙げられる。

言うまでもなく、アメリカは主要先進諸国の中で国民皆保険（ないしそれに準ずるシステム）を

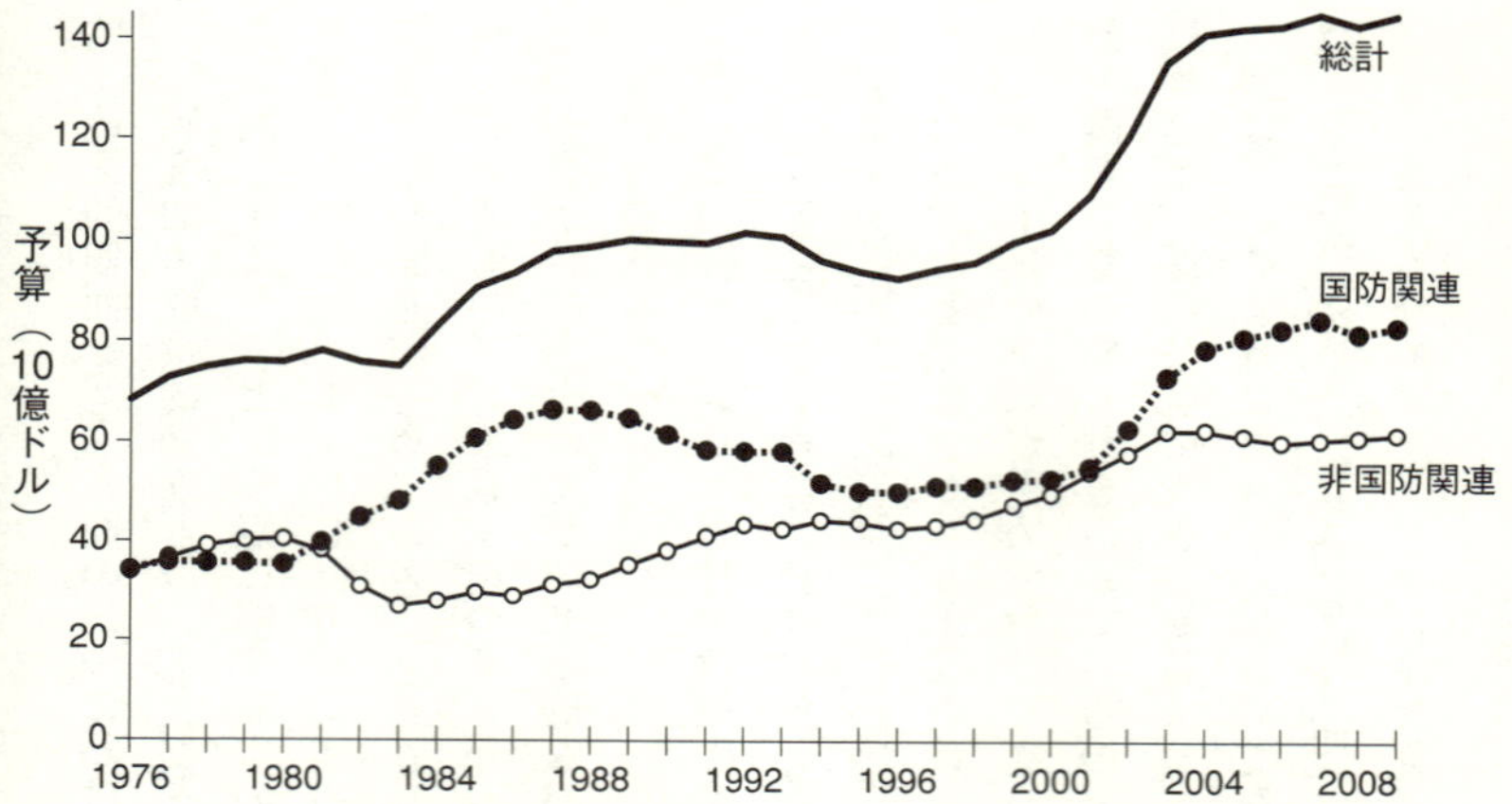

図１　アメリカ連邦政府の研究開発予算の年次推移（1976〜2009年度、10億ドル［実質］）

（出所）ＡＡＡＳ（アメリカ科学振興協会）資料

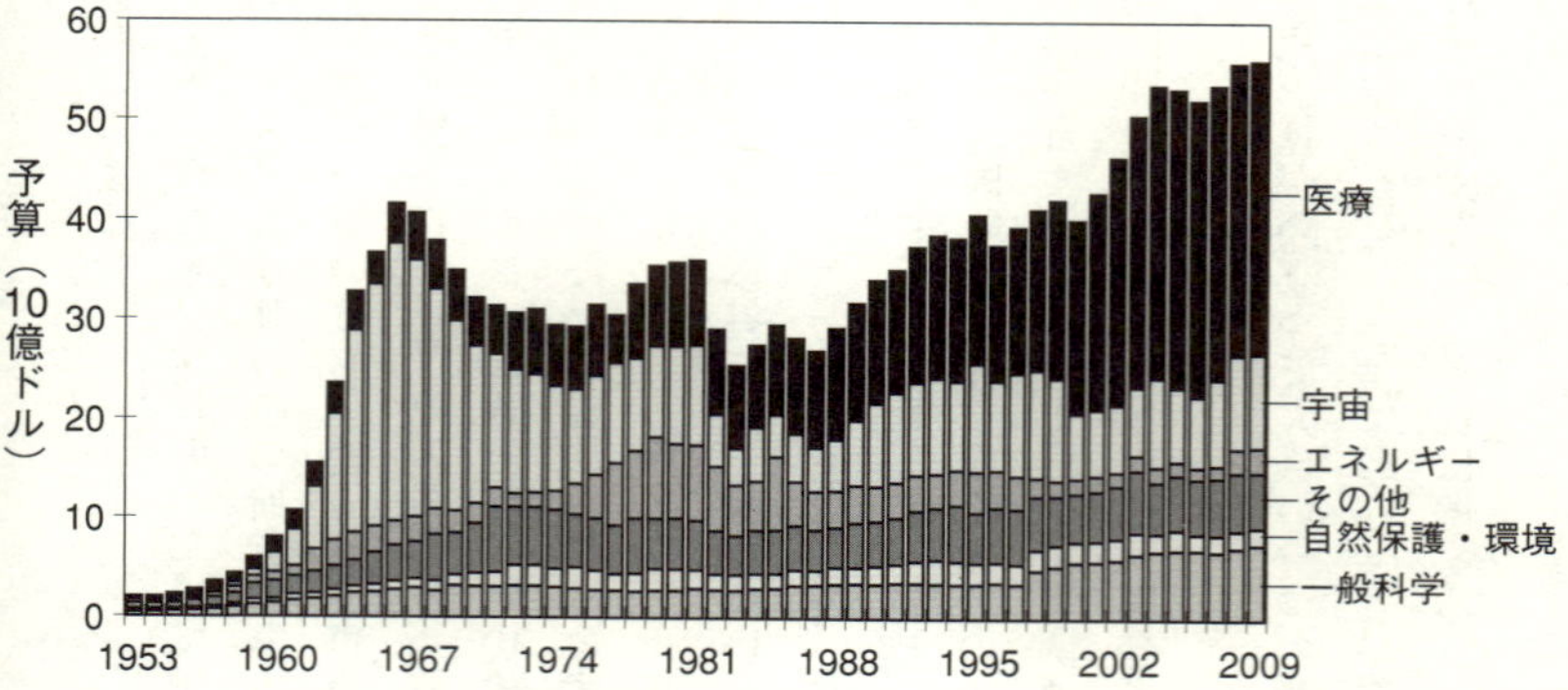

図２　国防関係以外の連邦政府研究開発予算の分野別推移（1953〜2009年度、10億ドル［実質］）

（出所）図１と同

持たない唯一の国だが、特に戦後まもないトルーマン政権の時代に国民皆保険制度創設の是非が大きな議論になった際、最終的に〝医療分野において政府が主な役割を担うのはその研究支援（特に基礎研究）に関することであり、医療保険の整備など、そうした成果を個人が享受できるか否かについては、市場あるいは「私」の領域に委ねればよい〟という政策判断を行ったのである（この経緯の詳細については広井（１９９２）参照）。

比較科学技術政策／比較科学思想への視点

「医療分野において、公的医療保険の整備よりも、研究開発の支援を優先する」という考えは、一つの理念として一定の意味を持つものであり、必ずしも否定的にとらえられるべきものではないだろう。しかしこうした点に関し、**図3**は、主要先進諸国の医療費の規模と平均寿命を表したものだが、アメリカは医療費の規模（対ＧＤＰ比）が突出して高いにもかかわらず、平均寿命は逆にもっとも低いという状況が示されている。

つまりアメリカは、研究費を含めて医療分野に莫大な資金を投入しているが、にもかかわらず、その成果はむしろかなり見劣りのするものとなっているのである。

もちろん、ある国ないし社会の健康水準は無数の要因によって規定されるものであり、食生活などの生活パターンに始まり、経済格差、犯罪率、公的医療保険の整備状況等、複雑な要因の結果として帰結するもので、**図3**のようなグラフから一義的な結論が導き出せるものではない。また誤解のないよう記すと、私は研究開発、特に（市場経済においては行われにくい）基礎研究への公的支

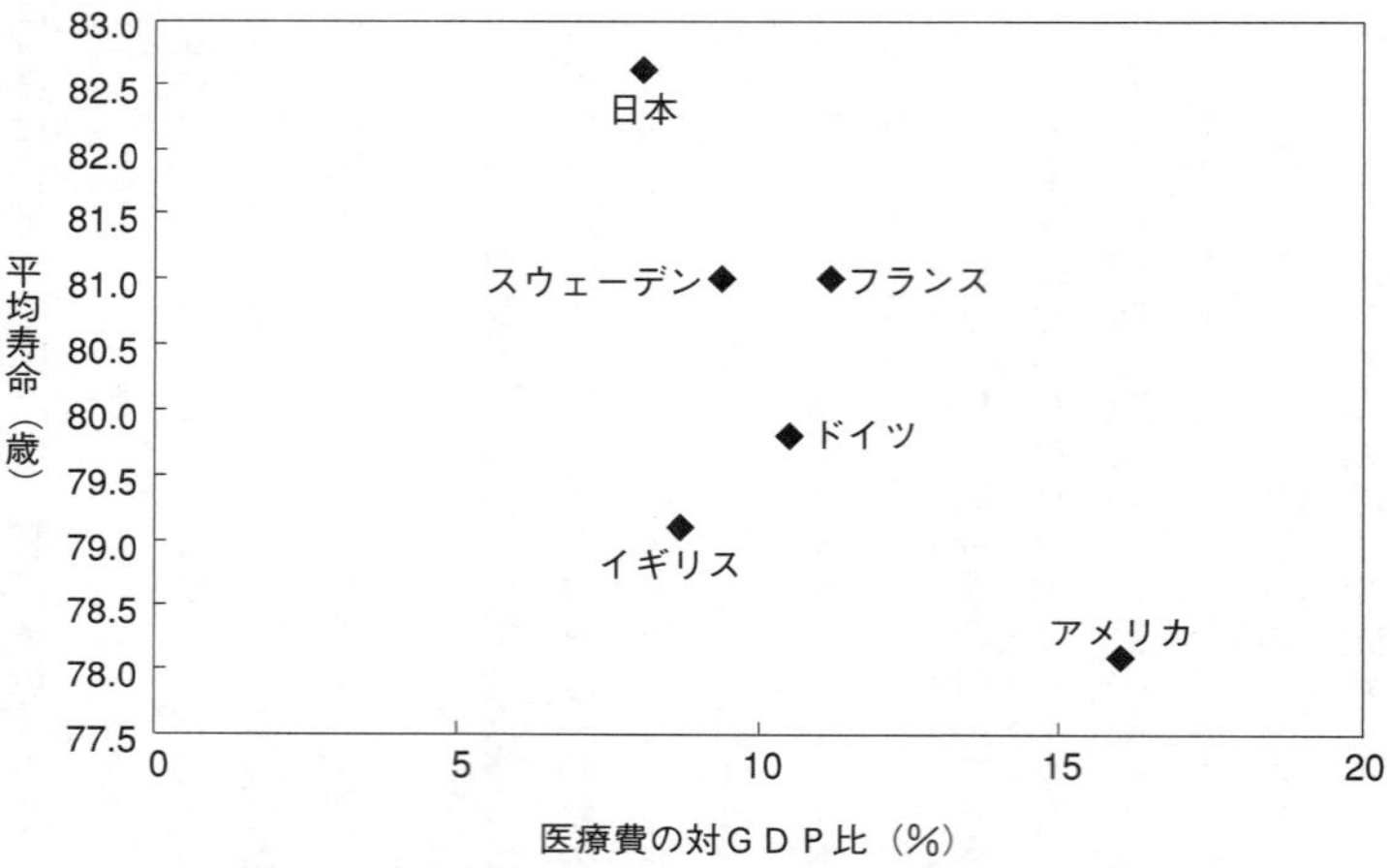

図3　医療費の対 GDP 比と平均寿命（国際比較）

（注）医療費の対 GDP 比は2008年（日本のみ2007年）。平均寿命は日本、フランス、スウェーデンは2007年、アメリカ、ドイツは2006年、イギリスは2005年。（出所）OECD データより作成

援というものは、それ自体きわめて重要なものであると考えている。

しかしながら、以上のような状況が示すのは、少なくとも〝研究開発や、ピンポイントの個別技術の向上を行うことが（あるいはそれらに優先的な予算・資源配分を行うことが）、病気の治療や健康水準を高めるもっとも有効な方策である〟とは必ずしも言えないという点である。したがってこうした医療・健康分野を含め、「豊かさのための科学」のありようを考えていくにあたっては、狭い意味での科学・技術を超えた、社会システムのあり方を含んだ包括的な視点が求められている。

ちなみに近年、「社会疫学 social epidemiology」という分野が大きく発展し、その基本テーマは「健康の社会的決定要

因social determinants of health」を分析し明らかにしていくことだが、こうした潮流はこれからの「科学」のあり方とも深く連動するものと言えるだろう（社会疫学に関しては次節であらためて取り上げたい）。

また、科学技術政策だけを見てみても、たとえばアメリカのそれと、脱原発を打ち出し、自然エネルギー関連の研究開発にきわめて積極的なドイツのそれとは、その志向性や理念が大きく異なっている。そしてそうした政策の相違の背景には、実現すべき「豊かさ」や社会像のビジョンに関する相違があるとともに、次の議論ともつながるが、「比較科学思想」といった視点で吟味できるような、根底にある自然観や人間・社会観の相違が存在していると思われる。

こうした意味で、科学・技術のあり方は決して「ひとつ」ではないのであり、複数の科学・技術のありようや、それに関する政策の方向づけがありうるのではないか。今後はこうした観点に立った、**「比較科学技術政策／比較科学思想」**と呼ぶべきテーマに関する掘り下げが求められている。

社会的関係性の中の個人——科学の社会化（1）

以上は先ほど「アメリカ的科学」と呼んだうちの「①制度的・政策的側面」だが、その「②内容面」についてはどうか。これは要約的に言えば、「人間に関する様々な現象について、その『社会的』な要素を極力捨象して、物質的ないし生物医学的（biomedical）な説明によって理解しようとする強い傾向や、そのベースとなる世界観」と呼べるようなものである。

たとえばアメリカでは、肥満、あるいは犯罪行動について、その生物学的要因に関する研究が盛

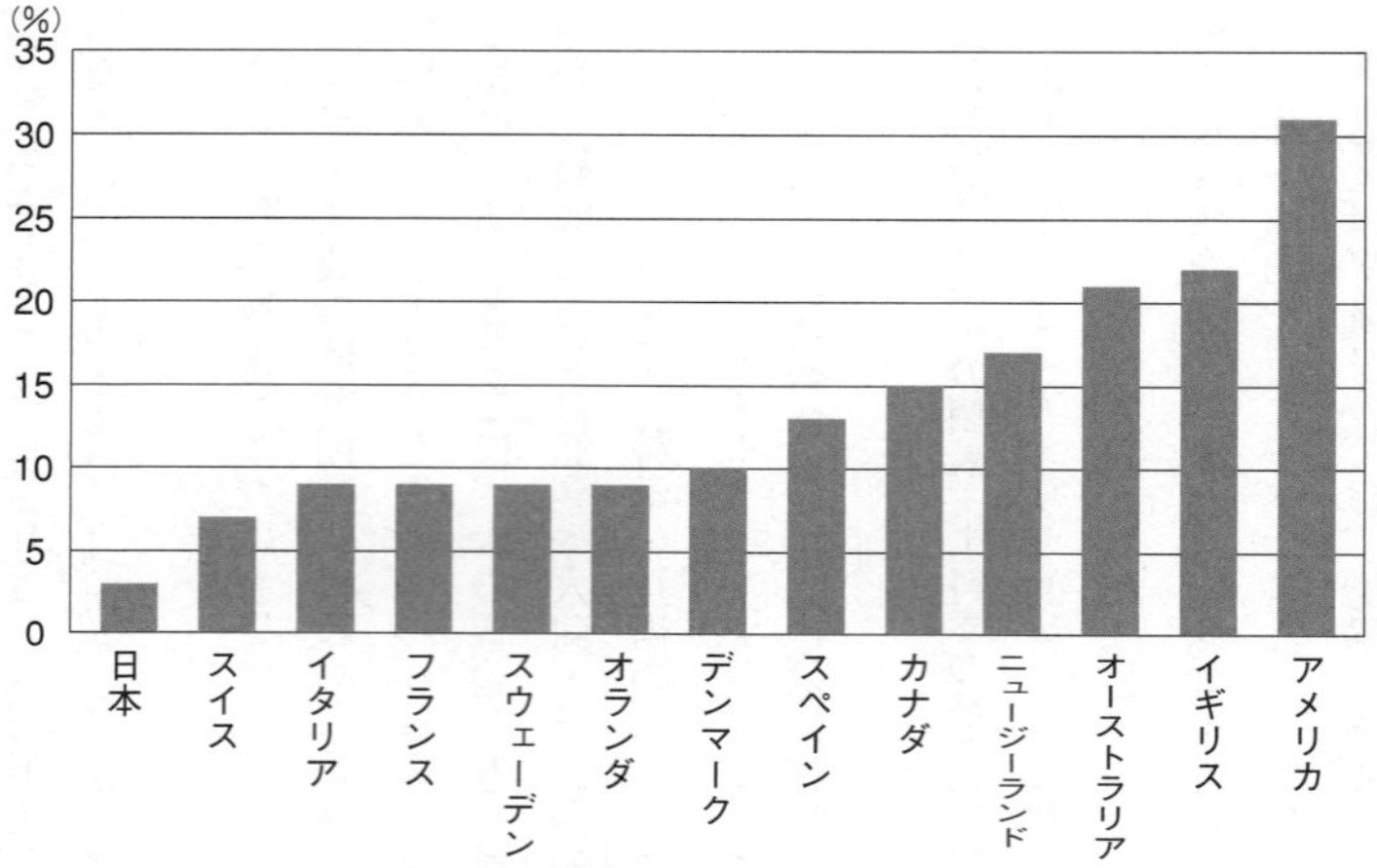

図４　成人の肥満率の国際比較

（注）成人のうち肥満者（BMI 指数30以上）の割合。主に2001年データ。
（出所）OECD, *Towards High-Performing Health Systems*, 2004より作成

んである（私が２００１－02年にアメリカに滞在した頃も、「肥満の遺伝子」に関する研究などが活発に行われメディアでもよく取り上げられていた）。

肥満に一定の遺伝的ないし生物学的要因が関わっているのは確かである。しかし科学研究というものの方向として、私自身はこのようなあり方には基本的な疑問を感じざるをえない。

それは、ある意味で当然のことであるが、肥満という現象は、そうした遺伝的・生物学的要因が一定寄与していることは確かであるにしても、圧倒的に大きいのは生活レベルに関する、「社会的」な要因であると思われるからである。たとえばアメリカの場合、**図４**にも示されるように、先進諸国の中で特に肥満率が高いが、これはもちろんアメリカにおいて「肥満の遺伝子」をもった人が多くいる

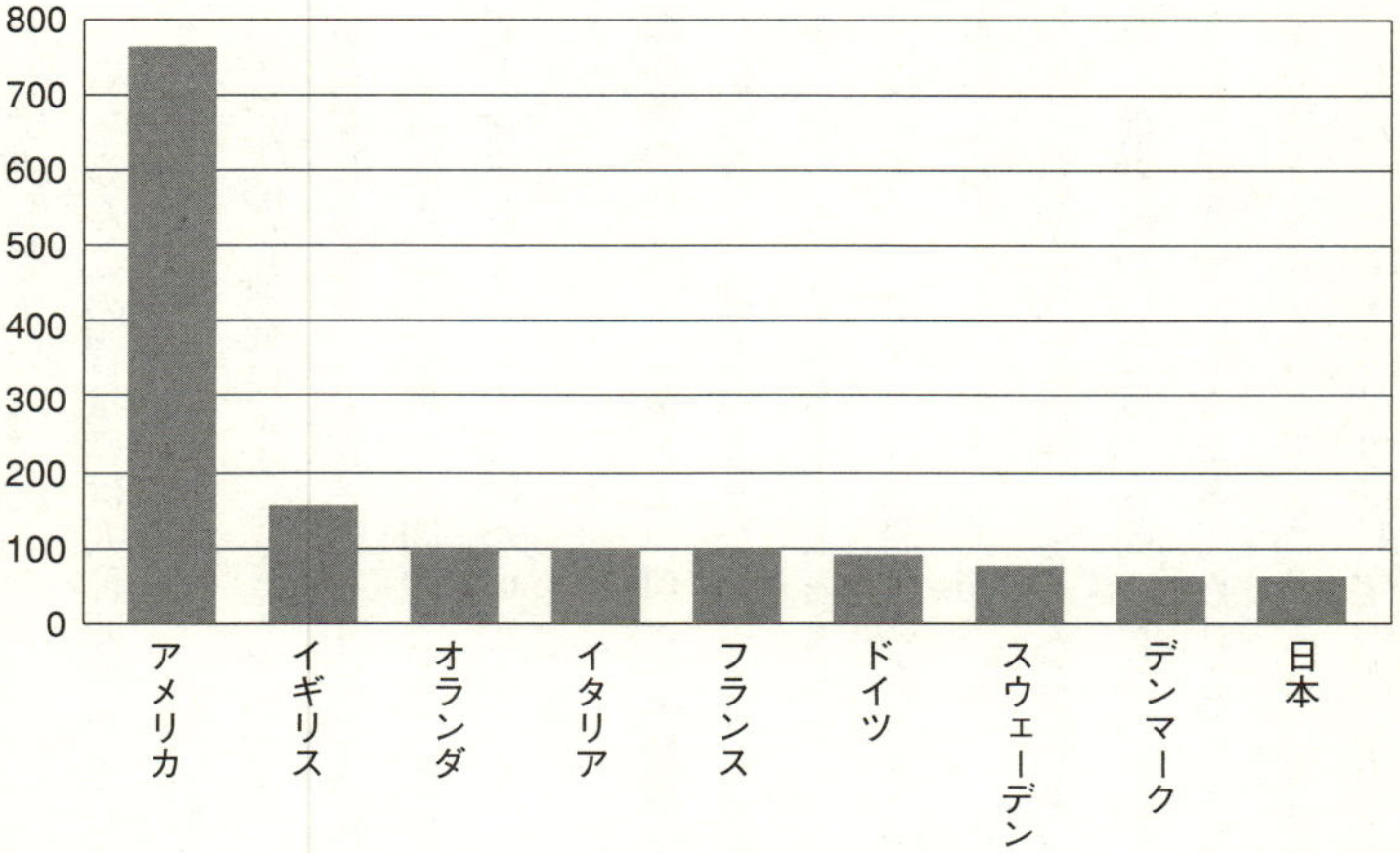

図5　人口10万人当たり刑務所収容人口の国際比較

（注）年次は主に2008年（イギリス、ドイツのみ2009年）。

（出所）OECD, *Society at a Glance*, 2011より作成

からではなく、食のあり方（これにはたとえば、コーラがマーケットなどで場合によってはミネラルウォーターより安く売られているといった、日常生活と経済との関わりも含まれる）や、経済格差、心理的なストレス等々の要因に由来するものだろう。

このような全体的な生活や社会のあり方を捨象して、「肥満の遺伝子」の研究に大きなエネルギー（や研究予算）を使うというのは、無意味とは言わないにしても、どこか基本的な方向が間違っていると思わざるを得ない。あるいはさらに、肥満に対する一つの〝治療〟として最近急増しているとされる、胃の一部を除去して胃の容量を減らす手術といった話は、一つの文明の病理にさえ見える。

同様のことが先ほど言及した犯罪についてもあてはまる。**図5**は主要国の人口当たり刑務所収容人口の比較だが、アメリカが文字通

り〝突出〟している。

もちろんこの背景には人種問題を含む経済格差などの社会的状況が大きく働いているわけだが、そうした要因を後回しにして、犯罪行動や、あるいはそれに限らない人間の発達や教育等に関する〝生物学的〟研究にエネルギーを注ぎ――おそらく「攻撃性の遺伝子」といったテーマは格好の研究対象にもなりうるだろう――、ほとんどの問題を「メディカル」（ないし生物学的）な問題、あるいは個人の「心理」の問題として把握し説明しようとする方向には、ある種の根本的な限界や矛盾が含まれているのではないだろうか。

関係性の科学――ケアとエコロジーの接点

私自身は、以上のような「アメリカ的科学」とも呼ぶべき科学のあり方を大きく相対化し、それを克服していくべきものと考える。

この場合、アメリカ的科学のありようは、実はある意味では近代科学の理念の極北にあるものとも言えるだろう。つまり前節で述べたように、「近代科学」というものは大きく二つの柱、すなわち①「自然支配」（自然の完全なコントロール）と、②要素還元主義という点によって特徴づけられ、前者については「人間－自然の切断」、後者については「（共同体からの）独立した個人」ということが背景にあると考えられるが（広井〔２００６〕参照）、こうした近代科学の方向が、社会のあり方ともあいまって、ある意味で極限まで〝徹底〟されているのがアメリカともいえる。

したがってアメリカ的科学のあり方を問うという方向は、そのまま近代科学の問いなおし、あるいは「もうひとつの科学」の可能性という主題に重なっていく。

この点に関し、私自身は前節でも言及したように、いわば「ケア（関係性）としての科学」とも呼ぶべき方向性、つまり先ほどの近代科学の二つの柱である①自然支配（↑人間－自然の切断）、②要素還元主義（↑独立した個人）を相対化し、人間と自然、そして個人とコミュニティ・社会の間の「関係性」に注目し、それらをつないでいくような科学のあり方が、ひとつの可能性としてあるのではないかと考えている。

ちなみに「エコロジー（生態学）」という言葉を作ったドイツの生物学者エルンスト・ヘッケルは、１８６６年の著書『一般形態学』の中でエコロジーを「有機体とその環境の間の諸関係の科学」と定義した（ブラムウェル〔１９９２〕、強調引用者）。「関係」を研究の主題にするという方向は近代科学の中では特異的と言えるが、こうした関連で、先の「ケア（関係性）としての科学」は「エコロジカルな科学」としても把握することができるだろう。

またこうした方向は、人間の個体ないし個人を他者との関係性や社会的文脈、自然との関係性において理解するという点において、科学の内容に関する意味での「科学の社会化」と呼ぶこともできるだろう。

研究テーマを決めるのは誰か——科学の社会化（2）

以上のような視点を、科学研究が行われるプロセスにそくしてさらに考えてみよう。それは、科学研究のテーマを決めるのは誰か、あるいは科学研究の担い手は誰かという基本テーマに関わるもので、「科学の社会化」のもう一つの場面とも言える。

科学史家のトマス・クーンの議論をまつまでもなく、それぞれの学問分野ごとにパラダイム、つまり世界を認識する際の基本的な枠組みが形成され、一方で（さかのぼれば19世紀以降の〝科学の制度化〟の中で）科学者コミュニティ（scientific community）というものが形成され、そこにおいて様々な研究テーマが設定されるとともに、そこで業績を上げることが研究者の基本的なモチベーションとなっていった。

このこと自体は一定の有効性をもち、必ずしもマイナスに解されるものではないだろうが、一度形成された科学者コミュニティは概して〝内向き〟になりがちであり、その結果、研究テーマと社会の要請との間に乖離が生じる可能性が生まれてくる。

このような論点について、ひとつの具体例を考えてみよう。それは、自殺予防に関するNPO法人である「ライフリンク」が行った、自殺者の遺族に関する1000人調査をめぐることである。

簡潔に紹介すれば、このNPO法人は正式名称を「自殺対策支援センターライフリンク」といい、自殺問題への対応を目的として2004年10月に設立された（代表は元NHKディレクターの清水康之氏）。主たる活動として、「自死遺族支援全国キャラバン」と呼ばれる活動と並び、同NPOは2007年より「1000人調査（自死遺族を対象とする自殺の実態や遺族のニーズ等に関する調査）」を実施したが、これはインタビュー調査を中心とする1次〜3次調査からなる莫大な規模のものである。調査の趣旨として挙げられているのは、自殺の実態の解明、自死遺族との連携、誤解・偏見の払拭、「死から学ぶ」等といった点であった。

科学研究のあり方に関するここでの文脈で考えてみたいのは、ライフリンクが行ったような調査研究は、本来は、大学の研究者が（もっと早い時期に）行うべきものではなかったかという点である。

言い換えれば、現在の大学の研究や学問分野のあり方（あるいは研究テーマの設定や概念枠組み）は、社会に生起している問題を十分にフォローできていないのではないか。またその背景には、パラダイム、あるいは制度化された学問のあり方が、研究者集団の中で〝内向き〟になりすぎているという点があるのではないか。

逆にまた、上記のようにライフリンクは大学とは直接関係のないNPOだが、こうしたNPOや非営利組織は、現代社会においては「研究主体」として大学に劣らない重要性をもっているのではないか。

こうした関心と重なってくる議論のひとつが、「拡大されたピア・レビュー」と呼ばれる考え方である。これは1970年代に「批判的科学」を提唱していたジェローム・ラベッツが論じているもので（小林〔2007〕、ラベッツ〔2010〕参照）、その主旨はピア・レビュー（研究者コミュニティでの研究の評価や採択）というものの範囲を拡大するということである。

基本的な問題意識として、巨大で複雑なシステムを対象とする社会的意思決定の場合、通常の専門家の知識だけでは不十分であり、拡大されたピア（同僚）による多様な情報、価値観が動員される必要があるという認識がある。

これはラベッツの「ポスト・ノーマル・サイエンス」という把握の一部であり、典型例として原子力発電や地球環境問題などが挙げられ、また科学技術をめぐる合意形成に関するいわゆるコンセンサス会議などの例（遺伝子治療、遺伝子組み換え農作物等）が該当する。ここで「ポスト・ノーマル・サイエンス」というのは、①意思決定に関与する利害が非常に高く、②システムの不確実性が高い領域に展開していくような科学のあり方をさしている（原発などはこの①②が強くあてはまる事例と言えるだろう）。

いくつかの提案

ここで、先ほどのライフリンクの例や以上のような議論を踏まえ、また学問研究のパラダイムを社会に開いていくという問題意識から、次のような提案をしてみたい。

第一に、政府の研究費（たとえば科研費〔科学研究費補助金〕）における研究の採択において、研究費の一定部分（たとえば5ないし10パーセント）は、公募された市民代表が研究課題・テーマを採択・決定する、という仕組みを導入してはどうか。

第二に、併せて、NPO等の非営利組織を、政府が助成する研究そのものの実施主体として位置づけていくシステムを考えてはどうか。

こうした提案や議論の根底には、「（公的に助成される）研究テーマを決めるのは誰か」という基本テーマが存在している。また、そもそも「研究を行う担い手ないし主体」とは誰であるべきか、という同様に基本的なテーマも存在する（この点は米本昌平の「投資としての研究」から「消費としての研究」へという議論ともつながるだろう。米本〔1999〕参照)。

しかもこれは、前節でも指摘した点だが、「科学国家」と「福祉国家」の担い手の変容・拡大というテーマとも交差する。つまり戦後のアメリカとヨーロッパは、それぞれ「科学」と「福祉」(ないし社会保障)を政府の主要な支出領域として展開してきたが、いずれもその担い手が「政府」にとどまらず、ローカル・コミュニティやNPOなど多様な主体に拡大し、かつ各主体が(また科学と福祉が)クロスオーバーしているという状況である。

さらに言えば、こうした大きな流れの中で、大学のあり方についても、

①「NPOとしての大学」(研究をミッションとする非営利組織としての大学)と「大学－NPO連携」(〝産学連携〟ならぬ〝民学連携〟)

②編集者としての大学(様々な領域の人や課題をつないでネットワークを構築し、多様な知見や経験のクロス、問題発見、アイデア創出を図る場所としての大学)

③ローカルな「コミュニティの中心」としての大学(地域に根ざした「ローカルな科学」の展開の拠点としての大学。なお震災との関連を含めた、地域に関する文理融合的な歴史・地理研究や「郷土史」の重要性について平川〔2012〕参照)

④世代間交流、知識・経験の継承の場としての大学(退職者の経験や伝統的技能等の若者・次世代への伝達など)

といった方向が新たな文脈において重要になってくるだろう。

ポスト成長時代の科学像へ

本節では「アメリカ的科学の相対化」という議論から始め、比較科学技術政策／比較科学思想と「もうひとつの科学」の可能性、科学の社会化、研究テーマを決めるのは誰か、等といった論点にそくして、現代そしてこれからの科学・技術のあり方をめぐる考察を行った。

思えば経済の成長・拡大あるいは産業化の時代においては、いわば単線的な〝一本道〟を社会は登っていくことになり、近代科学がそうであったように「ひとつの科学」が支配的となる。しかし本来、科学や技術のあり方は決して「ひとつ」ではなく、それは根底にある自然観や生命観・人間観とともに、また実現されるべき「豊かさ」のビジョンとともに、複数のものが存在するのだ。

こうしたことが特に顕在化するのは、現在のようなポスト成長ないし成熟化・定常化の時代である。このような時代認識を踏まえ、従来よりひと回り大きな視点でこれからの科学・技術のあり方を議論していくことが、いま必要となっているのではないだろうか。

5　統合医療の意味

統合医療を考える視点

日本の医療費は約38兆円の規模に達し（2011年度）、高齢化の進展の中で今後も着実に増加していくことが予想されている。こうした中で、一方で患者にとっての医療の質や有効性を高め、あるいは健康水準を維持しながら、費用対効果の高い医療のあり方を実現していくことが大きな課題になっていることは言うまでもない。

このような話題に関し、きわめて重要な視点でありながら、これまで必ずしも十分に議論されてこなかったテーマがある。

それが表題にも掲げた「統合医療」であり、統合医療とは、大きく言えばいわゆる西洋近代医学のパラダイム（考え方の枠組み）や成果を重視しつつ、しかし同時にそれを相対化し、より包括的な医学・医療のあり方を実現していこうとする考え方をいう（たとえば日本統合医療学会編〔2005〕参照）。

なぜこうした視点が重要になるのだろうか。そもそも現在の医学は、遡れば17世紀に西欧で起こった「科学革命」に起源を有するものであり、そのパラダイムの中心にあるのは、19世紀に成立した「特定病因論」という考え方である。

これは基本的に、「一つの病気には一つの原因物質が対応しており、その原因物質を同定し、それを除去すれば病気は治療される」という病気観で、基本的に身体内部の物理化学的関係によって病気のメカニズムが説明されると考えること、また「原因物質→病気」という比較的単線的な因果関係が想定されていることに特徴がある。こうした特定病因論の考え方が、感染症や外傷等の治療においては絶大ともいえる効果を上げてきたことは確かな事実である。

ところが現在はどうか。「現代の病い」という表現があるが、うつなどの精神疾患を含め、慢性疾患等への疾病構造の変化の中で、こうした「特定病因論」のみでは解決が困難な病気がむしろ一般的になっている。

すなわちこうした状況においては、病いは身体内部の要因のみならず、ストレスなど心理的要因、労働時間や社会との関わりなど社会的要因、自然との関わりを含む環境的要因など、無数ともいえる要因が複雑に絡み合った帰結としての心身の状態として生じている、という視点がきわめて重要になっているのだ。

統合医療という考え方が浮上するのはこうした背景においてである。そして興味深いことに、アメリカやヨーロッパ、あるいはアジアの各国はこうした統合医療（あるいは補完・代替医療）に関する政策対応や研究を積極的に進めつつある（広井〔2005〕参照）。

たとえばアメリカでは1998年に世界最大の医学研究機関といえるNIH（国立保健研究所）の中にNCCAM（National Center for Complementary and Alternative Medicine：国立補完代替医療

センター）が創設され、およそ１００億円にのぼる多額の国家予算が配分される形で研究が進められている（２０１２年度予算は１・３億ドル）。

またイギリスの上院議会は２０００年に補完・代替医療に関する精緻な報告書（*Complementary and Alternative Medicine*）をまとめ公表した。スウェーデン、ドイツ等でも独自の政策展開があり、加えて中国や韓国などアジア諸国では、近年、統合医療に関する積極的な政策が大きく展開しつつある（もともとこれらの国では、日本と異なり、東洋医学の医師〔中医、韓医〕が西洋医学の医師と同等の教育年限・資格を与えられている）。

日本では、２０１２年３月に厚生労働省に「統合医療のあり方に関する検討会」が設置され（私も委員の一人として参加）、検討に着手がなされているが、なお以上のような国々に比して対応が大幅に遅れている状況にある。ここではこうした統合医療の意義について幅広い角度から考えてみたい。

現代の医学・医療の展開が示す新たな潮流と統合医療

特に本節で吟味したいのは、現代の医学・医療の展開において生じている新たな潮流や考え方が、統合医療の考え方と大きくクロス・オーバーしつつあり、そうした意味において、統合医療の考え方を重視していくことは現代の医学・医療の新たな方向性とも重なり合うという点である。

いま指摘した「現代の医学・医療の展開において生じている新たな潮流や考え方」とは、さしあたり特に重要なものとして以下が挙げられる。

①社会疫学とソーシャル・キャピタル、②脳研究の発展と「ソーシャル・ブレイン（社会脳）」、③進化医学の知見、④心理社会的サポートないし精神的ケアへのニーズの高まり、⑤エコロジー的視点への関心の高まり、⑥終末期ケアやスピリチュアリティへの関心の高まり。

ここではこれらと統合医療の関わりについて重要と思われる点を述べてみたい。

社会疫学とソーシャル・キャピタル

まず社会疫学とソーシャル・キャピタルであるが、このうち社会疫学は、「健康の社会的決定要因 social determinants of health」という視点を重視し、近年大きく生成・発展している研究領域である（Marmot, Wilkinson, Kawachi ら。日本では近藤〔２００５〕参照）。

すなわち人の健康や病気を生み出すのは、先述の特定病因論が想定するような要因よりももっと広く、ストレスなどの心理的要因はもちろん、コミュニティとの関わりや労働のあり方などの社会的要因、貧困や格差に関する経済的要因など、広範囲にわたるという認識に立って、それらの要因と健康・病気の関連を（疫学的な手法をベースに）明らかにし、政策・制度を含めた対応のあり方を吟味しようとする試みである。

一方、「ソーシャル・キャピタル（social capital：社会関係資本）」は、人と人とのつながりやコミュニティのあり方に関する概念であり、様々な議論の系譜があるが、特にロバート・パットナム（アメリカの政治学者）の研究等により大きな注目を集めるようになり（パットナム〔２００６〕）、近年ではそれと医療や健康との関わりについてもきわめて多くの研究や議論が蓄積されている

（Kawachi et al〔eds〕〔2007〕）。

日本でも、たとえば都道府県別に見た高齢者の単独世帯割合と要介護認定率との間には一定の相関が見られるが、コミュニティや人とのつながりのあり方が心身の状態に大きな影響を持つことは、ある意味で当然考えられることである。そしてこれらの知見（社会疫学やソーシャル・キャピタル）はいずれも、健康や病気を心身を含んだ包括的なものとしてとらえ、かつ社会的・環境的な要因も重視するという点において、統合医療と共通する病気観や認識枠組みをもつと言える。

脳研究の発展と「ソーシャル・ブレイン（社会脳）」

いま述べた視点とも関係するが、脳に関する研究が現在の生命科学の先端の一つをなすことは言うまでもない。今後の脳研究のあり方について、２００７年に文部科学省の科学技術・学術審議会に「脳科学委員会」が設置され検討が行われたが（私も社会科学の立場から委員として参加）、そこで提示された視点も以下のように統合医療と深い関わりを持っている。

すなわち、同委員会で審議された「脳科学に係る研究開発ロードマップ（たたき台）」には、以下のような興味深い記述が見られる。

「急速な高齢化社会の進行に伴い、ＱＯＬ（生活の質）を損ない、介護を要する神経疾患が大きな社会問題となりつつある。同時に、精神疾患を背景とした、交通事故死の3倍を上回る自殺率の高まりなど、現代人の心身の荒廃は著しい。また、脳は自律神経系、内分泌系の最高中枢として、免疫系との相互作用等により、生活習慣病などの発症にも大きな影響を及ぼしている」

「脳の活動は、個体としての認識・思考・行動を司るに留まらず、異なる個体間や生物種・生態系との間に相互作用を生み出し、社会集団を形成する上でも決定的な役割を果たしている。このようなコミュニケーションや社会行動など、個体を超えたレベルで、脳がどう作動するかについての研究は、いまだ端緒についたばかりである」（強調引用者）

「従来、こうした人間と社会や教育にかかわる問題に対するアプローチは、人文・社会科学的なものに限定されがちであったが、今後、自然科学の一学問領域としての脳科学の壁を打破し、人文・社会科学と融合した新しいアプローチが求められている」

以上のように、脳というものを媒介とした「個体」を超えたモデルや人間理解への展開が示されており、言い換えれば、人間の健康あるいは病気にとっての、心理面はもちろんコミュニティや環境・自然との関わりの重要性が指摘されている。

ちなみに、他者との関わりや関係性が脳の機能にとって大きな意味をもつことを研究する領域ないしコンセプトとして、近年では「ソーシャル・ブレイン（社会脳）」という概念や研究領域が大きく展開している（藤井［２００９］）。

こうした研究の方向が深まる中で、たとえばリハビリにおいても、物理的・身体的側面に着目した「訓練」のみではなく、庭いじりや植物の栽培が好きな人にとってはそうした活動を行うこと自体が最大の「リハビリ」になるといった認識や、人々との社会的な関わりが心身の機能の維持や健康にとって不可欠であるということが明らかにされていくことになるだろう。

これは先ほどの社会疫学やソーシャル・キャピタル的な視点を、脳研究といういわばミクロレベルからの積み上げとして提示するものとも言えるし、また前節で述べた「関係性の科学」というテーマともつながる。

いずれにしても、こうした人間の全体性（心身相関を含む）についての注目は、統合医療の健康・病気観や理念と共鳴するものである。

進化医学の知見

他方、人間にとっての健康や病気の意味を、よりマクロの視点からとらえるアプローチとして、進化医学（evolutionary medicine）の知見がある。これは「そもそも病気とは何か」「なぜ人間は病気になるのか」という根本的な理解に関わるものだ。

進化医学は、1990年代から活発になった医学研究の一つのパラダイムであり、その基本的な理解は〝病気とは、環境に対する個体の適応の失敗あるいはその「ズレ」から生まれる〟というものである。

そして進化医学はこの点を、人類が地球上に存在するようになって以降の大きな時間軸の中でとらえる。すなわち現代人の祖先であるホモ・サピエンスが地球上に登場したのは今から約20万年前であるが、当時から現在まで人間の生物学的な（遺伝子の）組成はほとんど変化していない。一方、当初の人類の生活は、食糧が概して不足がちである中で狩猟・採集を行うか、やがて後の時代に農耕生活を営む程度であった。つまり人間の心身はそうした生活ないし環境に適応する形で〝できている〟のだが、しかし人間を取り巻く環境は大きく変化し、当時の状況とはおよそ異なるものとなった。

たとえば、当時は食糧が欠乏しがちだったので人間の体には「飢餓に強い血糖維持機構」が備わっているが、〝飽食の時代〟である現在ではこれが逆に糖尿病等の原因となっている。

また、狩猟・採集生活の時代は（野原で獲物を追うなどする中で）よく怪我をしていたので「止血系」が大きく発達しているが、これが現在ではかえって血栓や動脈硬化の要因となっている。さらに花粉症や各種アレルギーなどは環境の変化に人間の体が追いついていないために生じるものであり、またこれだけ変化のスピードが速くなった時代において、様々なストレスが生じるのはごく自然のことである（進化医学につきNesse and Williams〔1994〕、Stearns〔ed〕〔1999〕、井村〔２０００〕等）。

これは病気についての「エコロジカル・モデル」とも呼べるような枠組みであり、また、病気を「環境に対する個体の適応（対応）の失敗ないし不備」としてとらえる点において、統合医療の理念に大きく親和的なものといえるだろう。

心理社会的サポートないし精神的ケアへのニーズの高まり

近年、医療における心理的なケアへのニーズが大きく高まっている。これについて私は、既に10年ほど前になるが、医療消費者団体（ＣＯＭＬ《コムル》）会員へのアンケート調査を行ったことがある（２０００〜01年実施。１４００の調査票配布に対して５１５の回答。回答をいただいた方々の内訳は「患者・一般41・２％、医療従事者46・０％、その他〔学者・メディア等〕８・３％」という構成。調査の詳細については広井〔2003〕参照)。

この中で、「わが国の病院の現状において、患者に対する心理的・社会的な面でのサポートは十分に行われているとお考えですか」との問いに対しては、①十分に行われている(0%)、②まずまず行われている(1・4%)に対し、③あまり十分には行われていない(38・1%)、④きわめて不十分である(58・3%)という結果であり、「あまり十分には行われていない」と「きわめて不十分である」を合わせると96%を超えるという高率だった。

また、「患者に対する心理的・社会的な面でのサポートに関して、わが国の病院において今後特に充実が図られるべきと思われるものを以下から3つまでお選びください」との問いに対しては、①患者の心理的な不安などに関するサポート(79・4%)、②家族に対するサポート(47・4%)、③医師などへの要望や苦情を間に立って聞いてくれる者の存在(63・3%)、④社会福祉サービスなどの紹介や活用に関する助言(29・9%)、⑤退院後のことや社会復帰に関するサポート(39・0%)、⑥医療費など経済面に関する相談や助言(22・9%)、⑦その他(14・8%)、という結果となり、「患者の心理的な不安などに関するサポート」「医師などへの要望や苦情を間に立って聞いてくれる者の存在」「家族に対するサポート」が上位を占めた。

さらに、自由回答欄では次のような意見が寄せられていた。

「診療報酬というと、医者の診療行為に主体がありすぎて、看護、介護、カウンセリングなどの心理的サポートへの報酬対象としての評価が低いと思う。患者への診療をこうしたことも含めた主体としてとらえるべきではないか」(患者・一般)

「心理的サポートについては、何よりも必要であるにもかかわらず、日本ではほとんど手つかずの状態であるように感じます。報酬や人的問題についても、議論、検討をすすめた上で、インフラ整備の充実を図ることが望まれると思います」（患者・一般）

このようにアンケート調査結果から、心理的・社会的サポートあるいは精神的なケアへのニーズが非常に大きいにもかかわらず、現在の日本の医療システムにおいて十分な対応がなされていない状況が浮かび上がった。

これは診療報酬や人員配置など制度上の問題も大きいと同時に、現在の西欧近代医学のパラダイムでは、本節で述べてきた特定病因論的な見方が中心であり、「心理的サポート」といったことが、しばしば医療の〝周辺的なサービス〟としてしか認識されていないという、基本的なパラダイム（病気観、人間理解のあり方）に原因があるのではないかと思われる。

こうしたニーズに応えるためにも、また、心理的・社会的サポートということが、決して医療の周辺部分としてあるのではなく、疾病の発生や治癒の過程そのものに深く関わりそれを左右するものであるという新たな医学・医療のパラダイムを構築していくためにも、統合医療の考え方が重要になると考えられる。

エコロジー的視点との関わり

免疫学の分野で1960年にノーベル生理学・医学賞を受賞したマクファーレン・バーネットは、

その著書『遺伝子、夢、現実』の中で以下のような議論を行っていた。

すなわち、感染症や栄養不良、外傷など、原因が「外部」にある病気については医学・生命科学は多大な貢献を行ってきたが、内因性の病気（生活習慣病）については、分子生物学あるいは遺伝子研究の予想される展開を視野に入れた上でなお、そうした研究が病気の治療や予防に貢献することはほとんどないだろうとし、今後はむしろ病気を引き起こす環境についての生態学的な（エコロジカルな）研究や社会的な研究が重要な意味をもつことになるだろう、という議論である（バーネット〔1973〕）。

ある意味でかなりラディカルな見解だが、こうした見方は先ほど挙げた進化医学の考え方とも重なるものであり、文字通り病気や健康に関する先述の「エコロジカル・モデル」とつながり、また近年では環境問題への関心の大きな高まり等も踏まえて、「環境と医療の統合」という視点が重要になっていると思われる。

また具体的なケアの試みとしても、インターミッションの「ドイツの自然療法地と環境都市を歩く」でもふれたように、「自然との関わりを通じたケア」（園芸療法、森林療法等）への関心が大きくなっている（上原編著〔2005〕、広井〔2005〕）。

ちなみに、筆者らが行った各国の統合医療政策に関する調査研究（厚生労働科学研究費）におけるスウェーデンでの訪問調査でも、同国の場合、園芸療法など統合医療に関する動きが、エコロジーや環境関連の流れの中で展開しているという傾向が見られて興味深かった。

もともと中国医学などの東洋医学ないし統合医療はエコロジー的な（つまり個体と環境の相互作

用の中で病気をとらえるという）健康観・病気観をもっており、今後こうした「環境と医療の統合」あるいは「健康・病気のエコロジカル・モデル」という視点は、統合医療の考え方とも大きくクロスしていくと考えられる。

終末期ケアやスピリチュアリティへの関心の高まり

終末期ケアあるいはターミナルケアへの関心が大きく高まっていることは言うまでもないが、それに加えて、現在は高齢化の進展もあって「死亡急増時代」を迎えている。年間の死亡者数は、90年代から着実に増加しているが、近年の108万人（2005年）から、さらに167万人（死亡数のピークは2039年ないし40年）にまで増加するものと予測されている（国立社会保障・人口問題研究所2012年推計）。

またしばしば論じられてきたことだが、日本における死亡場所の内訳を見ると、**図1**に示されるように戦後は一貫して病院死の割合が増え続けてきた。

しかし私は、時代の構造変化から、いつかはこの方向が逆転し、これまでとは逆の方向に向けた流れが生じてくるのではないかと考えていた（「死亡場所の選択の拡大と多様化」という視点について広井〔1997〕参照）。

そうすると興味深いことに、2006年に戦後初めて病院死の割合が減少に転じ、これまでにない新たな方向が出てきたのである（2005年の79・8％から79・7％に減少〔2008年には78・6％〕）。一方、老人ホームの割合は少しずつ増加している（05年の2・1％から2・3％に増

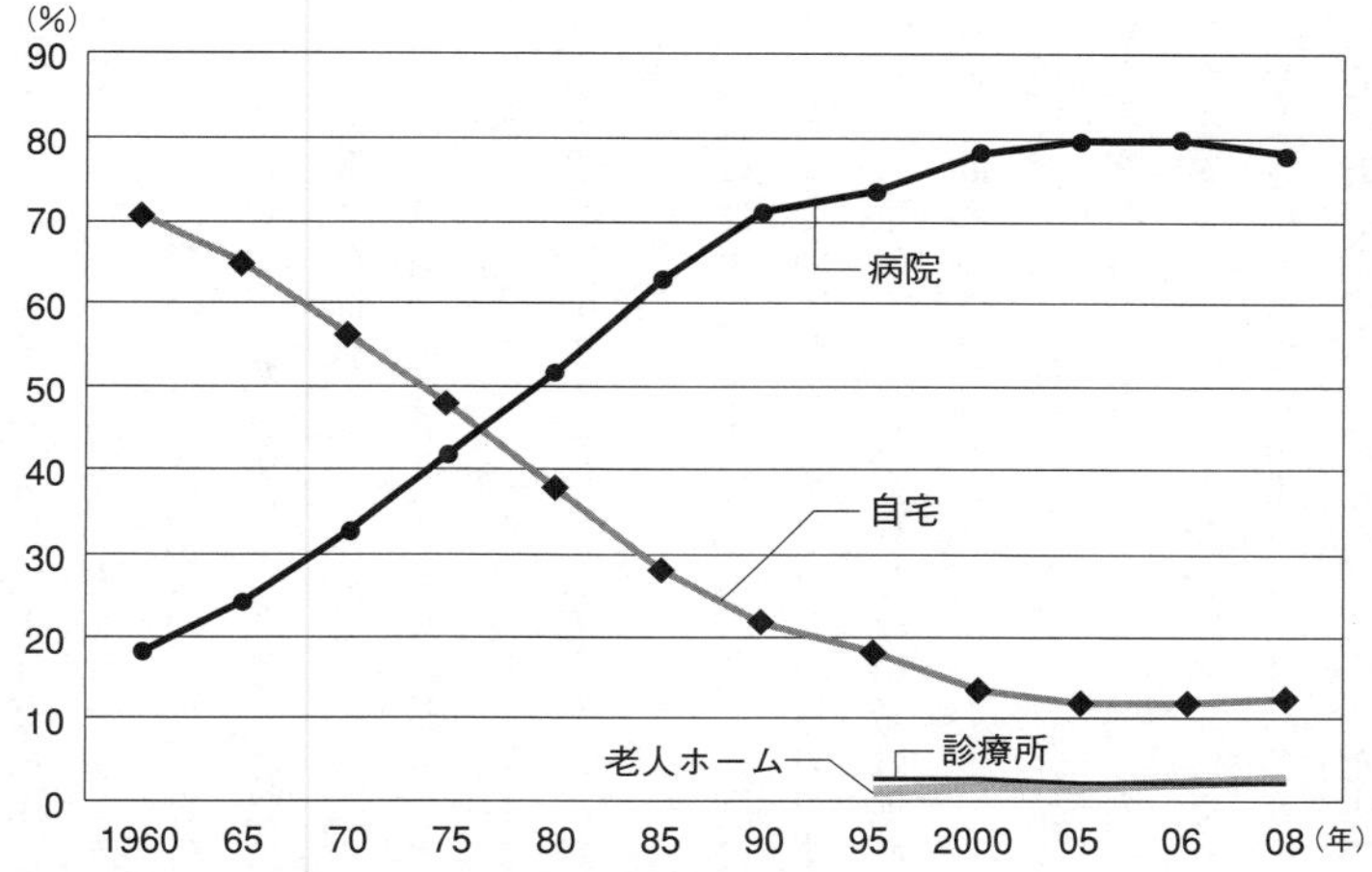

図１　日本における死亡場所の年次推移（%）
――病院死の割合が2006年に初めて減少
（出所）人口動態統計より作成

加〔２００８年には２・９%〕）。
ヨーロッパ諸国においては日本よりも病院死の割合が小さく自宅や福祉施設での死亡割合が多いことを考慮すると（たとえば病院死の割合はイギリスでは54%〔１９９０年〕、デンマークでは49・９%〔１９９９年〕）、死亡場所について今後病院から在宅、福祉施設等へのシフトが着実に進んでいくことが予想されるだろう。つまり人が亡くなる場所について高度成長期と逆の現象が進んでいくのである。

話題をさらに広げることになるが、実はこれは医療分野だけに完結した話ではなく、本書全体のテーマである人口減少社会への移行という、日本社会全体の構造変化と深いところでつながっていると私は考えている。

つまり高度成長期においては、都市化あるいは「近代化」の急速な進行とも並行して、

〝病院化〟（イリイチが論じたような意味を含めて）が進み、死亡場所もまた一気に病院へとシフトしていった。しかし病院で迎える死は、必ずしも心穏やかなものとは言えず、できれば住み慣れた場所で死にたいという希望ないし欲求を持っている人は少なくない。

本書の中で、「地域からの離陸」の時代であった高度成長期とは反対に、人口減少社会は「地域への着陸」の時代になっていくということを繰り返し論じてきたが、この死亡場所やターミナルケアのあり方も、そうした大きな構造変化と重なり合っているのである。

関連する話として、病院の平均在院日数が、ヨーロッパやアメリカにおいては１９６０年代前後から一貫して減少（短縮）してきたのに対し、日本では逆に90年代頃まで増加を続けたという事実がある。

これには上記のような〝病院化〟に向けた流れとともに、いわゆる高齢者の「社会的入院」が背景にあったわけだが、突き放した見方をするならば、高度成長期以降の日本社会においては、極論すれば〝生産〟に直接寄与しない者は地域や社会から排除する、といった傾向が（意識的と無意識的とを問わず）存在したのではないか。

逆に言えば、「地域への着陸」の時代たる人口減少社会とは、「死」や老いや病いといったものを、もう一度ゆるやかに地域コミュニティの中に戻していく時代であるとも言えるのである。

話をターミナルケアと統合医療に戻そう。以上述べてきたような流れの中で、従来から多くの議論がなされてきているように、延命のみを目的とした医療からより幅広い視点に立った終末期ケアのあり方が追求されていく。こうした中で、人間や医療のあり方を文化や死生観等を含んだ、より

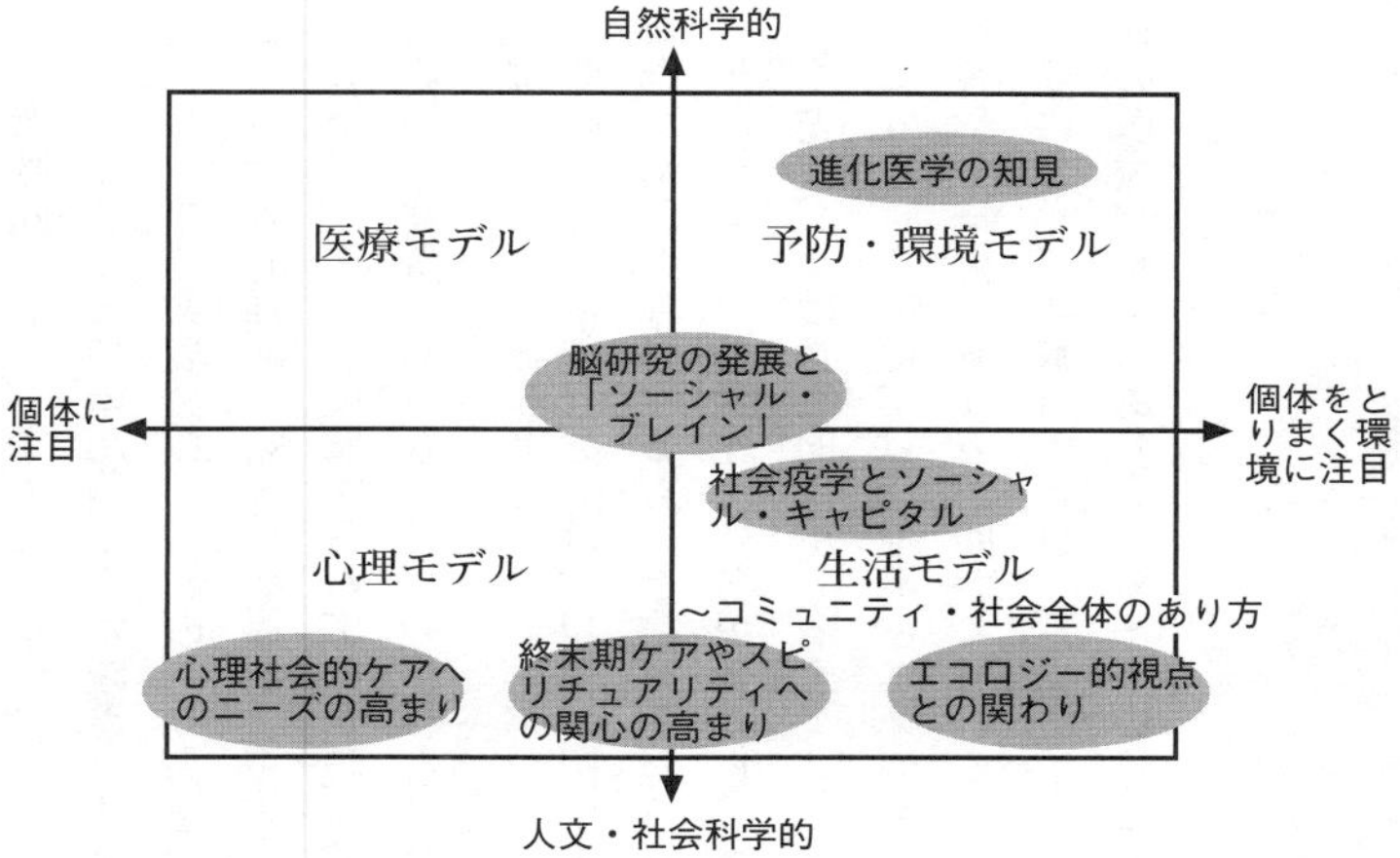

図2　医学・医療の新たな潮流とケア・モデル
（出所）広井（2000）を改変

包括的な視点から見ようとする統合医療が、重要な意味を持っていくと考えられる（死生観を含むこうした話題について広井〔2001b〕参照）。

新たなケア・モデルのために

以上、現代の医学・医療の展開が示す新たな潮流と統合医療という視点から議論を行ってきたが、ここまでの内容を、ケアをめぐる様々なモデルの中でやや単純化して整理すると**図2**のような総括を行うことができるだろう。

これは、医療のあり方が、従来の狭い意味での医療モデル（biomedical model あるいは本節の初めでふれた「特定病因論」的なパラダイム）から、心理モデル、予防・環境モデル、生活モデルといったより広く包括的なものへと展開していることを示すもので、これらの全体をまとめて先ほど言及した「エコロジカル・モデル」と呼んでもいいかもしれない。

そしてここまでの議論から示唆されるように、現代の医学・医療の新たな展開が示すのは、①個人をとりまく環境全体（労働のあり方を含む）やコミュニティ、社会との関わり等への注目、②病気に関する心理的・精神的側面の重視や心身相関ないし心身の全体性という認識、③予防ないし〝半健康〟（未病）に関する対応の重視（健康－病気の連続性）といった方向であり、これらはなお萌芽的な段階にあるものの、いずれも統合医療の基本的な認識・パラダイムと深く関連するものである。

その意味では統合医療は、現代の医学・医療と切り離されて存在するものではなく、むしろその新たな潮流と呼応するものと言えるだろう。言い換えれば、それは二つの全く異質なものを統合するというより、西欧近代科学が発展し、かつ疾病構造の変化に対応する中で根本的な変容を遂げていく先に、半ば必然的に生じるクロス・オーバーという面をもっている。

より大きな文脈では、原発やエネルギー政策のあり方を含め、現在、あらためて深いレベルで近代科学や技術のあり方が問われている。こうした大きな構造も視野に入れながら、また、そもそも人間にとって「病気」とは、「治療」とは、「科学」とは、といった根本的な問いを意識しつつ、今後の医療や政策のあり方を考えていくことが重要ではないだろうか。

6　日本の福祉思想──喪失と再構築

タイガーマスクと福祉思想

タイガーマスクこと「伊達直人」が全国に出没し、児童福祉施設などに様々な贈り物を届けたのは、2010年の暮れのことだった。気の重くなるニュースばかりの日本にあって珍しく明るく、世の中まだまだ捨てたものではないと感じたのは私だけではないだろう。ちなみに私の自宅には漫画の単行本『タイガーマスク』の最終巻である（ぶ厚い）第14巻があるが、かなりのレアものかもしれない。

年が明けて東日本大震災が起こり、タイガーマスク現象そのものは半ば忘れられたが、しかし震災後の様々なボランティア活動などには、タイガーマスク現象の〝精神〟ともいうべきものが形を変えて脈々と存在していたと言ってもよいだろう。

ちなみにタイガーマスクと前後して、ハーバード大学教授マイケル・サンデルの『これからの「正義」の話をしよう』がベストセラーとなり今日まで広く読まれている。これらはさしあたり別個の動きだが、その背後には次のような意味で関連する何かがあるように思われる。

本書の「はじめに」でも述べたように、戦後から最近までの日本社会とは、高度成長期を中心に、ともかく経済成長あるいは物質的な富の拡大ということを国を挙げての目標とし、そこに向かって駆け抜けてきた社会であった。それは言い換えれば、経済というパイの拡大を通じて〝みんなが得をする〟社会であり、「損得」という物差しだけでほぼ全ての問題が解決する社会だったと言える。

現在はそうした時代ではない。モノがあふれる社会になって人々の物質的な需要はほぼ満たされ、かつてのように経済が無限に拡大するような状況はなくなり、他方で、高齢化や社会保障の問題が典型であるように、富をどのように「分配」するかが中心的なテーマの時代となったのである。そうなると、以前のように「損得」という発想だけではおよそ解決がつかない問題が多く現れることになる。まさに「正義」とは、「公平」とは何かといった根源的なテーマを避けて通れないのであり、したがって、政策や制度の議論と並んで実は今もっとも求められているのは、制度の根底にある「福祉思想」についての議論ではないか。

この場合「福祉」という言葉は、いま述べた分配の公平や平等といったテーマに関わると同時に、そのもっとも広い意味は「幸福」である。これは、本書の中でこれまで幾度かふれてきた近年の「幸福研究」の高まりや、GDPに代わる指標をめぐる国際的な動向とそのままつながる話でもある。

思えばイギリスで提起された「ポジティブ・ウェルフェア」では、〝人間一人ひとりの可能性を引き出し支援すること〟が福祉の意味とされた。ひるがえって日本でも、たとえば江戸期の思想家である二宮尊徳は、現代風に言えば〝地域活性化コンサルタント〟として全国各地を歩き、農村の再生に尽力しつつ「すべての人や自然の事物に『徳』がある」という思想を展開した。

時代の大きな転換点にある今、私たちは根本に返って「福祉思想」について考える時ではないだろうか。

「幸福」について考える時代とは

先ほど「福祉」のもっとも広い意味としての「幸福」についてふれた。ところで、「幸福とは何だろう」というテーマについては、いつの時代も人間はそれについて考えをめぐらせてきたとも言えるが、人間の歴史を大きく振り返ると、人々がとくに「幸福」について真剣に考えた時代というものが浮かび上がる。

それは、本書の中で幾度か言及してきた、哲学者のヤスパースが「枢軸時代」、科学史家の伊東俊太郎が「精神革命」と呼んだ時代である。

このうちギリシャのアリストテレスは、『ニコマコス倫理学』の中で「われわれがもって政治の希求する目標だとなすところの『善』……は何であるだろうか」という問いを立て、「それは幸福にほかならない」とし、しかもそれは「よく生きている」ことだと論じている（アリストテレス〔1971〕を一部改変）。

こうして見れば、既に約2500年前の時代に、ちょうど今と同じように「幸福」と「政策、政治」の関係が論じられているのであり、これは驚くべきこととも言えるだろう。

この点はギリシャに限ったことではない。仏教では「慈悲」や「ニルヴァーナ（涅槃）」、儒教では「仁、徳」、旧約思想を受け継いだキリスト教では「愛」といった原理が提起されたが、思えばこれらは、すべて人間にとっての究極的な「幸福」の意味を明らかにしようとしたものだったと言えるのではないか。

では、そもそもなぜこの時代（枢軸時代）に、こうした普遍的な思想が生まれ、また「幸福」の意味が探求されたのだろうか。

これも本書の中で何度かふれてきた点だが、最近の環境史研究などによれば、この時代は、約1万年前に生じていた農業文明が拡大・成長の時期をへて成熟期を迎え、資源・環境制約や生産過剰なども生じる中で、ある種の根本的な限界に直面しようとしていた時代だった。

つまり、単純にモノの豊かさでは人々の幸福には直結しないということが初めて意識されるようになっていたのであり、だからこそ上記のような、様々な内面的な価値や精神的なよりどころに人々の関心が向かっていったのではないか。

これは現在ときわめてよく似た時代状況であり、つまり、18世紀に始まった産業化ないし工業化の大きな波が飽和し、また資源・環境制約に直面し、私たちは再び新たな「枢軸時代」を迎えようとしている。いま「幸福」の意味が再び大きく問われている意味を、こうした文脈においてとらえなおすこともできるのではないだろうか。

ではそこでの新たな思想はどのようなものとなるのか。

日本の福祉思想——神仏儒と「3つのエコロジー」

ここで先ほどの「福祉思想」というテーマが浮かび上がってくる。

ここでいう福祉思想とは、人間にとっての「精神的なよりどころ」とも言い換えられるような広い意味のものである。思うに、そうした精神的なよりどころ、ないし思想的な基盤を見失って途方に暮れているのが現在の日本社会あるいは日本人ではないだろうか。

ここで今後の展望を得る手がかりに、これまでの日本の歴史を大きく振り返ってみると、実は日本人はそうした精神的なよりどころを次のような形でしっかり持っていたと言えるのではないか。それは一言で言えば〝神・仏・儒〟、つまり神道と仏教と儒教をそれなりにうまく組み合わせて一定のバランスを保ってきたということである。

この場合、大きくとらえれば、

●神道……「自然」や「神々」の領域に関わり、
●仏教……「精神」ないし「こころ」の領域に関わり、
●儒教……社会規範や倫理の領域に関わる

という具合に、これら三者が一定の役割分担をしながらトータルな精神的基盤を形作っていた。

ちなみに興味深いことに、フランスの哲学者フェリックス・ガタリは人間には〝3つのエコロジー〟が重要だと述べており、それは「自然のエコロジー、精神のエコロジー、社会のエコロジー」をさしている（ガタリ〔2008〕）。

いみじくも、この3つは上記の〝神・仏・儒〟と見事に呼応しているのではないだろうか。つまり「神道↓自然のエコロジー、仏教↓精神のエコロジー、儒教↓社会のエコロジー」という対応関係だ。

そして、上記のようにこの三者をうまく組み合わせてそれなりにバランスを保っていたのが江戸時代までの日本人だったと言えるだろう。

たとえば古代における聖徳太子が試みたのは他でもなく神仏儒の総合だったし、先ほどもふれた江戸期における二宮尊徳は三者の調和を意識的に追求した人物の一人である。ちなみに尊徳は神仏儒の総合に関し、半ば冗談めかして「神がひとさじ、儒仏半さじずつ」と述べているが（二宮［2012、原著1884～87］）、ひとつの真理を含んでいると思う。

しかし明治以降の日本は、残念なことに次のような3つのステップをへる過程で、こうした日本人にとっての「精神的なよりどころ」を失っていったのではないか。

すなわち第一のステップは、明治維新前後から第二次大戦までである。この時期日本は、幕末の〝黒船〟に象徴される欧米列強の軍事力の衝撃を前に、西洋の科学技術や政治体制等を導入していったが、そのベースにあるキリスト教までを採用するわけにはいかないため、自らの思想的基盤ないし価値原理として国家神道というものをいわば〝突貫工事〟で作り上げ、それとともに富国強兵の道に邁進していった。この時期はいわば「福祉思想の形骸化（政治化）」として総括できると思われる。

第二のステップは、戦後から高度成長期をへて最近に至る時期である。第二次大戦の敗北により、180度転換する形で国家神道は完全に否定され、その代わり、戦後の日本社会は「経済成長」つまり物質的な豊かさの追求ということにすべてを集中していくことになった。いわば「経済成長」

が日本人の〝宗教〟ないし精神的なよりどころになったといっても過言ではない。この時期を私は「福祉思想の空洞化」と呼んでみたい。

そして第三ステップは言うまでもなく近年から現在に至る時期であり、つまり1990年代前後から、上記のようにすべてのよりどころにしていた「経済成長」すらままならなくなり、動揺と閉塞化が進んでいった。私たちがいま立っているのはこうした場所である。

ではこれからの日本人にとっての福祉思想あるいは精神的なよりどころは何になるのだろうか。

地球倫理へのアプローチ

これについては次節において「地球倫理」を主題にする中で考えていきたいが、以上の文脈との関連で言えば、これからの日本におけるそうした価値原理として、一言で言えば、

「〝神仏儒〟(=伝統的な価値)プラス個人(=近代的な原理)プラスα」

ということが軸になると私は考えている。

ここでの「神仏儒」は、そのうち「神」がもっとも基底的な自然信仰(自然のスピリチュアリティ)に関するもので(いわば第一層)、「仏儒」は枢軸時代に生成した普遍宗教である(第二層)。そして、これら近代以前の伝統的な価値を踏まえながら、近代的な原理としての「個人」(あるいはその「自由」)という価値も重視する。

しかしこれは〝拡大・成長〟を基調とする「近代・前期」の原理であり、限界をもっている。そ

こで「近代・後期」あるいは本書で述べてきた（人類史における第三の）定常化の時代においては「プラスα」が重要になってくるのであり、それが「地球倫理」ということと重なる。

そして以上のうちの〝神仏儒〟（＝伝統的な価値）の部分は、当然のことながら地球上の各地域によってその内実が異なる多様なものであり、その地域ごとの伝統的な価値や世界観（自然観、死生観等を含む）が実質的な中身となるものである。

環境倫理学者のキャリコットは、地球上の各地域における環境保全に向けた行動は、「伝統的な世界観が秘めている環境倫理によって支えられ、命を吹き込まれる」ことによってこそ有効なものになると論じているが（キャリコット〔２００９〕）、地球倫理はこうした認識と呼応するものだ。

7　地球倫理の可能性

「地球倫理」について、さらに議論を展開してみよう。

本書の中で何度かふれてきたように、ホモ・サピエンスが生まれたとされる約20万年前以降の人間の歴史を大きく捉えなおすと、そこに三度の大きな「拡大・成長」と「成熟ないし定常化」のサイクルを見出すことができる。そして興味深いことに、それぞれのサイクルの後半をなす成熟・定常期への移行期に、人間にとって本質的な意味をもつ、根源的な思想あるいは意識の大きな変革が生じた。

人類史における「心のビッグバン」と「枢軸時代」

あらためて確認すると、その第一は今から約5万年前の時期で、この時代、近年の人類学などで「心のビッグバン（意識のビッグバン）」あるいは「文化のビッグバン」と呼ばれる現象が起こり、様々な装飾品や絵画、彫刻などの芸術作品ひいては死者の埋葬品等々、シンボリックな心の働きや創造性を示すような事物が生じた。

現生人類ないしホモ・サピエンスが登場したのは近年の研究ではおよそ約20万年前頃とされてい

るので、なぜそうした「時間差」が存在するのか、どのような背景でそうした変化が生じたのかといった話題が「心のビッグバン」をめぐる議論の中心テーマとなる（内田〔２００７〕、海部〔２００５〕、ミズン〔１９９８〕等）。

この点について、私はそれを、狩猟採集社会における物質的生産の拡大がある種の飽和ないし限界に至り、人間の志向性が〝外〟に向かって拡大していく方向から反転し、いわば内的な方向に向かって創造性を発揮したり新たな価値を見出すようになったものとして理解してみたい。

そしてそうした中で、「自然のスピリチュアリティ」と呼べるような、自然の様々な事象の中に単なる物質的なものを超えた何か――有と無あるいは生と死を超えた次元――を見出すような心性が生じ、これが「自然信仰」と言えるような、信仰あるいは世界観のもっとも原初的な形となったのではないだろうか。

続く第二の変革期は紀元前5世紀前後の時期で、これは哲学者のヤスパースが「枢軸時代」と呼び、科学史家の伊東俊太郎が「精神革命」と呼んだ時代である。

この点に関するヤスパースの言を聞いてみよう。

「この時代には、驚くべき事件が集中的に起こった。中国では孔子と老子が生まれ、中国哲学のあらゆる方向が発生し、墨子や荘子や列子や、そのほか無数の人びとが思索した。インドではウパニシャッドが発生し、仏陀が生まれ、懐疑論、唯物論、詭弁術や虚無主義に至るまでのあらゆる哲学的可能性が、中国と同様展開されたのである。イランではゾロアスターが善と悪との闘争という挑戦的な世界像を説いた。――パレスチナでは、エリアからイザイアおよびエレミアをへて、第二イザイアに至る予言者たちが出現した。——ギリシャではホメロスや哲学者たち——パルメニデス、ヘラクレイトス、プラトン——更に悲劇詩人たちや、トゥキュディデスおよびアルキメデスが現われた。以上の名前によって輪廓が漠然とながら示されるいっさいが、中国、インドおよび西洋において、どれもが相互に知り合うことなく、ほぼ同時的にこの数世紀間のうちに発生したのである」(ヤスパース〔1964〕。引用者注:翻訳で「シナ」となっている箇所は「中国」とし、また一部表記を改変)

では、なぜこの時期にこうした現象が地球上の異なる地域において起こったのか。この点については、以前の著書の中である程度くわしく論じたので簡潔に確認するにとどめるが(広井〔2009b〕、同〔2011〕)、次の2点が挙げられると思われる。

① ユーラシア大陸において大規模な騎馬民族ないし遊牧民族の移動が起こり、これが各地における農耕を基盤とする母権的な定住社会と接触する中で、つまり異質なコミュニティが交渉する中で、個々の民族や文化を超えた普遍的な原理が追求されたという点

② 近年の環境史等の研究が明らかにしてきたように、この時代において、農耕社会(農耕が始まったのは約1万年前)の生産が発展した帰結として森林の枯渇や土壌の侵食など、農業文明がある種の資源・環境的な限界に直面するようになり、その結果、それまでの量的・外的な生産の拡大から、人間の「欲望」の抑制や、より内的・精神的な価値を志向するような原理が求められたという点

このうち、①のポイントは「個々のコミュニティ（共同体）を超えた普遍的な価値」という点であり、言い換えれば、歴史上初めて、個別の共同体や民族を超えた、「人間」という観念がこの時代に生まれたのである。

一方、②は「人間と自然」の関係に関わるものであり、冒頭から述べている人間の歴史におけるサイクルとの関連で言えば、その〝二度目の成熟・定常期〟に関わるものだ。つまり、狩猟採集社会の成熟・定常期において先ほどの「心のビッグバン（→自然信仰）」が生じたとすれば、それに次ぐ農耕社会の成熟・定常化（への移行期）において、枢軸時代／精神革命の思想群の生成が起こったというのがここでの把握である。

そしてこの時代におけるこれら思想群を、その性格にそくしてここでは「普遍宗教（あるいは普遍思想）」と呼んでみよう。

枢軸時代と現在

さて、では以上のような人類史についての把握と「地球倫理」との関係はどうか。

結論から言えば、今という時代は、ここ２００～３００年の間に展開してきた産業化（工業化）文明がある種の根本的な限界あるいは資源・環境制約に直面しつつある時代であり、言い換えれば私たちは人間の歴史の中での〝三度目の定常期〟を迎えようとしている。そしてちょうど狩猟採集社会及び農耕社会の成熟・定常期において、それぞれ「自然信仰」及び「普遍宗教（普遍思想）」

時期	現象	生成した思想ないし価値原理	背景	社会構造	共通性
①約５万年前	心のビッグバン	自然信仰	狩猟採集社会（約20万年前〜）の成熟・定常化	「個体」主体	外的・功利的価値を超えた内的・精神的価値の創造
②紀元前５世紀前後	枢軸時代／精神革命	普遍宗教（普遍思想）	農耕社会（約１万年前〜）の成熟・定常化	「共同体」主体	
③現在	——	地球倫理	産業化社会（約200－300年前〜）の成熟・定常化	「個人」主体	

表１　人類史における三度の定常期と思想の生成

価値原理	普遍宗教 （仏教、ユダヤ・キリスト教、儒教・老荘思想、ギリシャ思想など）	地球倫理
時代背景	枢軸時代（紀元前５世紀前後） 〔農耕文明の成熟・定常期 ＆複数の共同体の接触〕	現在 〔産業文明の成熟・定常期 ＆複数の普遍宗教の接触〕
性格	ユニバーサル （普遍的＝宇宙的）	グローバル（地球的） 〔ローカルとユニバーサルの対立の止揚〕
思想の地理的（空間的）基盤	複数の普遍宗教の並存 （リージョナルな住み分け）	個々の普遍宗教を超えた地球的スピリチュアリティ／公共性
世界観の特質	コスモロジカル（宇宙論的）	エコロジカル（生態学的）
	無限性（注）	有限性
	一元性	多様性
「ローカル」の位置づけ	二次的	一次的 （ローカルからの出発〜ローカル／グローバルの循環的融合）

表２　普遍宗教と地球倫理の対比

（注）ここでの「無限」は、近代的な「無限」概念とは異なる（近代的な絶対空間・絶対時間や直線のもつ量的無限性ではなく、たとえば「円」に象徴されるような質的無限性）。

が生成したのと同じように、新たな価値原理ないし思想が求められている。それに相当するのがここでの「地球倫理」ということになる（**表1**参照）。

表1の右欄にも示すように、これら3つに共通するのは、拡大・成長期にあったような外的あるいは功利的（物質的）価値を超えた、何らかの意味での内的あるいは精神的価値の創造という点である。

では「地球倫理」の内容はどのようなものとなるのか。

この点を考えていくには、地球倫理を、枢軸時代／精神革命期に生じた普遍宗教（普遍思想）と対比して見ていくのが有効であり、その概要を示したのが**表2**である。

ローカル・グローバル・ユニバーサルあるいは地域的・地球的・宇宙的

表2を手がかりに議論を進めていこう。最初の「時代背景」はすでに述べたとおりであり、次の「性格」であるが、枢軸時代に生成した普遍宗教が、その呼称が示すとおり、個々の共同体や民族等を超えた、人類に共通する「普遍的」な価値や原理を志向し追求したという点は先ほど言及した。

この場合、「ユニバーサル universal」という語が「普遍的」という意味とともに「宇宙的」という意味をもつのは象徴的である。枢軸時代の思想群が追求したのは、仏教にしてもユダヤ・キリスト教にしても儒教や老荘思想にしてもギリシャ哲学・思想にしても、その視角や関心の力点は異なるにしても、いわば〝宇宙／世界における人間の位置〟ともいうべきテーマだったと言えるだろう。

こうした点に関し、伊東俊太郎は次のように述べている。
「このうちギリシア思想は理論的、インド思想は形而上学的、中国思想は処世的、ヘブライ思想は宗教的という大まかな性格の相違はあるにしても、それらはいずれもそれ以前の素朴な呪術的・神話的思惟方式を克服して、あれこれの日常的・個別的経験を超えた普遍的なるもの（ギリシアではロゴス、インドではダルマ、中国では道、ヘブライでは律法）を志向し、この世界全体を統一的に思索し、そのなかにおける人間の位置を自覚しようとするものであった」（伊東〔１９８５〕、強調引用者）

これに対して、地球倫理において重要となるのは、さしあたり「ユニバーサル」との対比で見れば「グローバル」ということになる。「地球倫理」は、英語で表現すればglobal ethicsまたはearth ethicsとなるもので、この両者は（説明抜きで使用すると）ニュアンスの相当な違いがあるので使い方には慎重であるべきだが、いずれにしても地球倫理が「globe＝地球（ないし球）」という概念と不可分であることは確かである。

ここで重要な点だが、地球倫理の意味としての「グローバル」は、次のような意味で通常の「グローバル」ないし「グローバリゼーション」とは大きく異なっている。

すなわち、通常「グローバリゼーション」と言うと、それは〝マクドナルド化〟とほぼ同義であり、つまり世界が一つの方向に向けて（とりわけ市場化というベクトルを軸にして）均質化し、地球上の各地域の風土的な多様性や文化的な個性が背景に退き失われていくような方向を指している

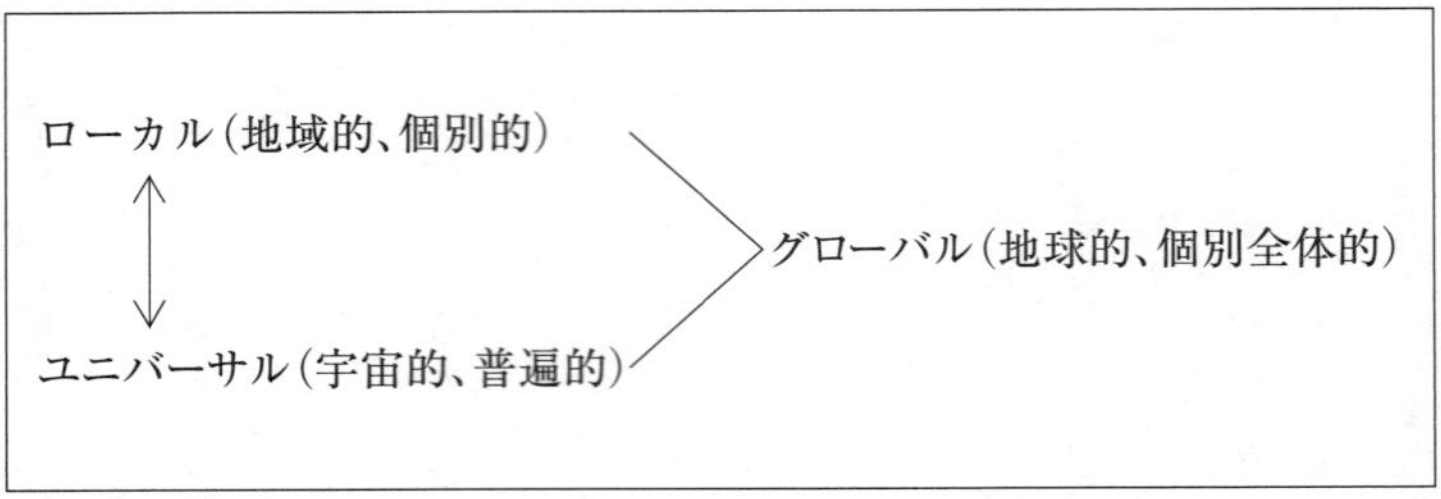

図1　ローカル・グローバル・ユニバーサルの再定義

だろう。

しかし本来の、あるいは望ましい意味の「グローバル」は、それとは根本的に異なるのではないだろうか。このことは、先ほどの「ユニバーサル」と「グローバル」を対比させ、さらに「ローカル」という言葉を視野に入れて次のように考えると見えてくることだ。

つまり、もともと「ローカル」（＝地域的、個別的）という言葉に対立するのは「ユニバーサル」（＝宇宙的、普遍的）だった。そして「ユニバーサル」は、まさにその「普遍的」という意味が示すように、個別の文化や民族等を超えた共通の何かを志向するものだった。

しかし「グローバル＝地球的」は本来それとは違うはずである。むしろ「グローバル＝地球的」は、地球上の様々な地域を一歩外から見ながら、しかしそれら「ローカル」の固有の特徴や価値をポジティブに認め、またその風土的あるいは文化的な多様性を積極的にとらえていくような考え方として把握されるべきではないだろうか。

つまり本来の「グローバル」とは、「ローカル」と「ユニバーサル」の対立をより高い次元で〝止揚〟する（あるいは乗り越える）概念として考えられるべきではないか。

それは「ローカル（地域的、個別的）」と「ユニバーサル（宇宙的、普遍的)」と対比させて言うならば、その両者を包含した〝個別全体的〟とも表現できるような世界観である(**図1**)。

もちろん、ここで「グローバル」という言葉自体について議論を繰り返しても仕方がない。「グローバル」という言葉がどうしても一般的な意味での「グローバリゼーション=均質化」を連想させるとすれば、地球倫理の英語表現はglobal ethicsではなくearth ethicsとしたほうがよいかもしれない。大事なのは以上のような意味での、地球上の各地域の「ローカル」な多様性やその価値を積極的に認めていくような思想やその原理である。

思想・宗教の風土依存性とその自覚

「地球倫理」について、それが地球を一つの方向に均質化していくものではなく、むしろ地球上の各地域の風土的多様性を積極的に評価していくものであるという議論を行ったが、これは枢軸時代に生まれた様々な普遍宗教ないし普遍思想が、そうした発想を十分に持たなかったこととの対比においてである。

枢軸時代に生まれた思想群は、先にもふれたように、自らの思想が「普遍的」であることを志向した。それは、それまでの時代に存在した様々な考えや価値が、特定の民族や共同体の枠内にとどまっていることの限界や狭隘さを自覚し、そうした個々の共同体を超えた普遍的な原理を求める中で生じたことであり、それ自体は積極的にとらえてよいだろう。

しかしここで次のような素朴な疑問が生まれる。一つは、それではもしそうした自らを「普遍的」と考える思想が、同じく「普遍性」を名乗る別の思想と出会ったらどうなるか、その両者の「共存」は可能かという点である。これは「複数の普遍性」あるいは「多様な普遍性」は可能か、という問いとも言い換えられるだろう。

いま一つは、実はそうした普遍宗教ないし普遍思想といえども、何らかの意味でそれが生成した地域ないし環境の影響を受けており、真の意味で普遍的とは言えないのではないかという点である。以前の著書である程度論じたことがあるので（広井〔2009b〕、同〔2011〕）、議論をやや急ぐことになるが、実は枢軸時代に生成した思想群は、それぞれが生まれた地域の環境ないし風土、あるいはそこから派生する人間と自然の関係性や共同体間の関係性を反映する形でその世界観が構成されていた。

たとえば、やや単純化した言い方になるが、ユダヤ・キリスト教の世界観は、砂漠ないしそれに類する環境において、基本的に人間と自然が対立的な関係にあり――砂漠において〝自然と一体になる〟ことは死を意味する――、したがって人間と自然の間に明確な一線が引かれ、その上で「超越的な人格神－人間－自然」というピラミッド的構造が観念されるということと密接に関連しているだろう。逆に、降水量に恵まれ、森林におおわれているような環境においては、むしろ人間を包み込むような自然＝生命＝宇宙といった観念が生まれ、自然や宇宙との一体性を志向するような、異なる自然観や世界観が形成されるだろう（仏教はこれに近い）。

このように、思想や信仰、宗教の内容は、その基盤にある人間観や生命観とともに、それが生成した風土的環境と深く結びついている。

「神の多様性」の根底にあるものは何か

思えば地球上の各地域において、様々な異なる姿の「神（ないし神々）」が信仰されている。これについて、では「なぜそのように神（神々）の形は地域によって異なるのか。神（神々）の形を決めるものはいったい何か」という象徴的な問いを立てた場合、それは究極的には自然環境ないし「風土」と考えるべきではないだろうか（広井〔２００５〕）。

実際、枢軸時代に生成した思想群について言えば、それらは大きくは、

- ●「超越者」原理……ユダヤ教（旧約思想）～キリスト教の場合
- ●「宇宙」原理……仏教の場合
- ●「人間」原理……儒教（中国）およびギリシャ思想の場合

ともいうべき志向をもつもので、それぞれの思想の生まれた風土的環境を反映したものだったと言える。

そして、やがてこれらの思想ないし宗教はその周辺地域を中心に伝播していき、その過程で一定の変容を被ったり土着の自然信仰等と融合していったりしたが、しかし現在ほどグローバリゼーションが進んだ時代ではなかったので、結果的に地球という〝地図〟が、そのリージョナルな地域ごとにそれぞれの普遍宗教でいわば塗り分けられ――この地域は仏教圏、この地域はキリスト教圏という具合に――、ある種の〝住み分け〟と共存がなされていったのである。〝世界宗教地図〟の形

成ともいうべき事態だ。

ここでもう一度先ほど言及した疑問（＝自らを普遍的と考える思想同士が互いに共存できるか）に立ち返ってみよう。枢軸時代に生成した思想群は、その「普遍宗教（ないし普遍思想）」としての性格からして、いずれも自らの普遍性を〝自負〟する思想であり、その限りでは互いに「共存」するということはありえない性格のものである。しかしそれらが枢軸時代以降最近に至るまで、様々な対立の場面を含みつつもある程度並存してこられたのは、上記のようにグローバル化がなお限定的なものにとどまる中で、〝リージョナルな住み分け〟がなされていたからだろう。

しかし現在のような時代においては、地球上の各地域のコミュニケーションが飛躍的に高まり、またキリスト教とイスラム教の対立やそれに関連した様々な国際紛争等々が激化する中で、枢軸時代に生成した普遍宗教ないし思想群を、何らかの形で超えるような思想が求められている。

つまり、それは単に自らの「普遍性」を主張する思想ではなく――それは現在のようなグローバル化の時代においてはその共存が困難になっている――、むしろ自らの思想自体が何らかの意味で、その生まれた環境に規定されたものであることを自覚し、かつ、いわば一歩外側（メタレベル）に立った視点から、地球上の様々な異なる思想がそれぞれの生成した環境や風土に規定されたものであることを理解し、その上でそれらの共存や多様性を積極的に肯定できるような理念あるいは世界観である。

「文化の多様性」はどこから来るか

これはさほど難しいことを言っているのではなく、ある意味で「異文化理解」ということの基本に関わることだ。

たとえば、ある相手が私と全く異なった考えや価値観、信仰等をもっていたとする。そして私自身の考えや世界観との間にはおよそ接点がないように見える。しかしもし、その相手と自分とは生きてきた環境や風土が大きく異なっており、そうした環境の違いが、それぞれの価値観や信仰の違いに深く影響しているということがわかったならば、少なくともそこに相手を「理解」することへの通路が開けるだろう。異文化理解あるいはそもそも「他者」を理解するとは本来こうした性格のものであるはずである。

この点に関し、近年の人類学での研究では、人類の生物学的な能力や行動様式は少なくとも5万年前には現代人と同じものになっていたとし、その後の地球上の様々な地域における文化の多様性は、〝人種〟などといった生物学的な差異ではなく、「環境」の違いによって生じたものであるという理解が定着している（海部〔2005〕）。

つまり地球上の様々な文化の多様性は、人間という生き物が、異なる環境においてその潜在力を異なる形で適応させ発展させてきた帰結であるという理解である。したがって、私たちが地球上の文化の多様性を眺めるとき、それは他でもなく「人間がもつ潜在能力の幅広さ」を見ていることになる。

実はこの点は、第Ⅰ部の「情報とコミュニティの進化」で述べた話題とつながってくる。そこで「遺伝情報」と「脳情報」の違いについてふれ、人間の場合は後者つまり脳情報によるコミュニケーションの部分が大きく発達した点に特徴があるという議論を行った。

これがまさに「文化の多様性」と重なるのであって、つまり人間という生き物は、生物学的な組成（DNA）は同一であっても、それがアフリカから出発して地球上の様々な地域――環境ないし風土の大きく異なる地域――に移動していった時、その環境の違いに応じて異なる生活様式やコミュニケーション（ないしコミュニティ）の多様な姿を発展させ（＝遺伝情報ではなく脳情報の多様性）、それがすなわち「文化の多様性」となっていったのである。言い換えれば、こうした人間の文化的多様性は、DNAの相違に由来する「生物多様性」とはまた異なる次元のものなのだ。

「地球倫理」は以上のような世界観とつながるものであり、それは一方で人間の生き物としての（種としての）同一性や共通性、普遍性を認めると同時に、他方でその多様性あるいは可塑性を、環境や風土との関連において積極的にとらえることになる。

この点は、先ほど本来の意味の「グローバル」（＝ローカルとユニバーサルの対立を乗り越えつつ、地球上の各地域の多様性やその価値を積極的に認めていくような思想）として論じた点とつながる。またそれは、思想や観念の環境規定性あるいは風土依存性を重視するという意味において、先の**表2**にも示すように「エコロジカル（生態学的）」と呼べるものである。


自然信仰あるいは自然のスピリチュアリティとの接続

以上述べたのは、地球倫理というものが、枢軸時代に成立した個々の普遍宗教ないし普遍思想を、その一歩外側（メタレベル）からとらえ、かつその中身がそれらが生まれた風土・環境に規定され

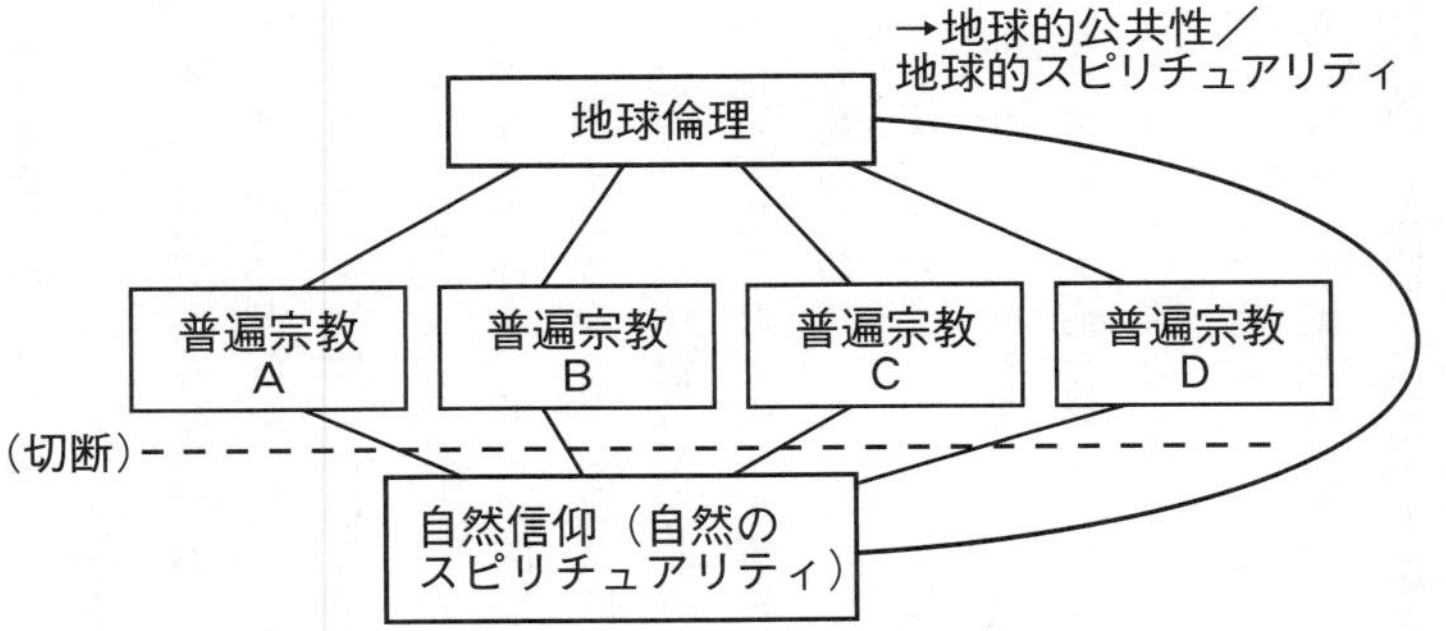

図２　地球倫理と普遍宗教・自然信仰との関係構造

注①　自然信仰はローカル、普遍宗教はユニバーサル、地球倫理は（ローカルとユニバーサルを包含した意味での）グローバルとも言える。
②　普遍宗教と自然信仰は形式的には分離しているが、事実上両者が融合している例は地球上の各地に広く見られる（日本での神仏習合、北欧での土着信仰とキリスト教など）。

たものであることを理解しつつ、それらの共存を積極的に認めるものであるということだった。それは「個々の普遍宗教を超えた〝地球的公共性〟」とでも表現できるものである。

しかし私がここで地球倫理と呼んでいるものには、もう一つの重要な柱がある。

それは、枢軸時代に生成した普遍宗教のいわば根底にある、「自然信仰」あるいは「自然のスピリチュアリティ」という次元と直接的につながり、それを重視するという点だ。

これについては、**図2**を見ていただきたい。

本節の初めでも述べたように、人間の歴史には大きく三度の拡大・成長と定常化のサイクルがあり、狩猟採集社会の成熟・定常期には「心のビッグバン」と呼ばれる現象とともに「自然信仰（＝自然のスピリチュアリティを軸とする世界観）」が生まれ、農耕社会の成熟・定常期には枢軸時代／精神革命期として様々な普遍宗教が生成した。

この場合、ここでの関心にとって重要な意味をもつのは、普遍宗教の世界観においては、少なくともその公式的な教義においては、自然信仰的なものは（いわば〝原初的〟で次元の低いものとして）否定的にとらえられ、半ば排除されたという点である。

つまり普遍宗教ないし普遍思想は、仏教、ユダヤ・キリスト教、儒教、ギリシャ思想いずれにしても、普遍的で合理化された世界観の体系であり、先ほどの伊東俊太郎の指摘にもあるように、それ以前の素朴かつ非言語的で神話的な要素を含む自然信仰とは一線を画するものだった（と言っても、いま「少なくとも公式的な教義においては」という注釈をつけたように、実際にはたとえば日本における神仏習合や、北欧において土着的で多神教的な自然信仰とキリスト教が融合している例が見られるなど、両者が実質的に〝折り合い〟をつけて重層的に共存しているという例は地球上に広く見られる）。

「死生観」にそくして言えば、自然信仰においては、生と死を連続的にとらえ、自然の具体的な事物の中に生と死を超えた何かを見出すといった発想をとる。たとえばそれは、何百年にもわたって立っている大樹を見て、そこに時間を超えた何かを見出すといった感覚あるいは世界観である。

これに対し普遍宗教あるいは普遍思想においては、生と死は明確に区分されて概念化され、かつ死は「永遠」とか「空」といった、より抽象化された理念とともに把握されることになる。それはある意味で洗練され高次化された死生観の体系であるけれども、同時にそこに自然とのひとつの「切断」が働いているのも確かである。

地球倫理の可能性

いま死生観を例にとって枢軸時代の普遍宗教・普遍思想と自然信仰との関係について述べたが、「地球倫理」の特徴は、先ほども述べたように、自然信仰あるいはその核をなす「自然のスピリチュアリティ」という認識に、むしろ積極的な位置を与える点にある。

なぜそうなのか。それは、地球倫理の視点からは、「自然信仰」や「自然のスピリチュアリティ」は、むしろあらゆる宗教や信仰の根源にあるものであり、普遍宗教を含む様々な宗教における異なる「神（神々）」や信仰の姿は、そうした根源にあるものを、異なる形で表現したものと考えるからである。

これは先ほど地球倫理について「エコロジカル」と表現した世界観、つまりある思想や信仰、観念等を、それだけを独立させてとらえるのではなく、それが生成した風土や環境との関係性においてとらえる視点とつながっている。

いずれにしても、以上により、地球倫理は一方で個々の普遍宗教と関係すると同時に、もっとも根底にある「自然信仰」あるいは「自然のスピリチュアリティ」と直接につながることになる（再び**図2**参照）。

この場合、個々の普遍宗教と地球倫理の関係については、それを先ほど「個々の普遍宗教を超えた〝地球的公共性〟」と呼んだが、いま述べている自然信仰や自然のスピリチュアリティを重視するという点については、地球上の様々な宗教や信仰の根底にある次元という意味で、それを「地球的スピリチュアリティ」と呼ぶこともできるだろう。

そしてこの両者、つまり

●個々の普遍宗教を超えた「地球的公共性」へのベクトル

●個々の普遍宗教の根底にある「地球的スピリチュアリティ」へのベクトル

は、形式的には逆の方向に向かうものだが、これらはいわば地球という有限な舞台において〝循環的に融合〟することになる。

つまり、個々の普遍宗教の根底にある次元（＝自然信仰ないし自然のスピリチュアリティ）を再発見・再評価していくことが、個々の普遍宗教を超えた「地球的公共性／地球的スピリチュアリティ」につながるということである。

しかも、前節において地球倫理は「伝統的な価値（自然信仰＆普遍宗教）プラス個人（＝近代的な原理）プラスα」であると述べたように、近代を経た後の時代に生成する地球倫理は「個人」という存在を軸に置きつつ、かつそれを超えていくという志向をもつので、それは私や他者を含む一人ひとりの根底に、自然のスピリチュアリティ――生命の内発性あるいは存在そのものと言ってよいもの――を見出していく思想となる。

そうした地球倫理が、これからの時代における基本的な理念となるのではないだろうか。

8　自己形成的な自然――地球倫理と宇宙

「地球倫理」について述べたが、そこから生まれる素朴な疑問として、では「宇宙」（との関係）はどうなるのかという点があるだろう。これについて、試論的なスケッチにとどまるものだが最後に記してみたい。

コスモロジーの復権？

前節でもふれたが、枢軸時代の普遍宗教・普遍思想において重要だったのは「宇宙」であり――ただしそれは現代人がイメージするような意味での宇宙というよりは、森羅万象を含む世界の全体といった意味――、そこでは「宇宙における人間の位置」が何より問われた。当時、現在のような「地球」の概念やイメージはなく、また宇宙は〝ひとつの秩序をもった全体〟（コスモス）として観念され、人間はある意味でその中心に位置していた。枢軸時代の普遍宗教・普遍思想において重要だったのは文字通り「コスモロジー（宇宙論）」だったと言える。

近代あるいは近代科学において、そうした人間を中心とする意味的秩序としての「宇宙＝コスモス」が崩壊し、それに代わって無機的な容器としての絶対空間・絶対時間が登場し、人間はそうした〝無限宇宙〟の中の偶然的な存在の一つとなったという流れは、これまでにも様々な形で論じられてきた話題である（たとえば科学史家アレクサンドル・コイレの著書『閉じた世界から無限宇宙へ』は、そうした経緯を印象深く叙述している（コイレ〔1973〕）。

しかし近年の宇宙論では、再び宇宙に「歴史」や「意味」を回復させるような動きが様々な形で展開しており、ある意味では〝コスモロジーの復権〟と呼べるような流れも出てきている。言うまでもなくその端緒をなした一つはいわゆるビッグバン理論であり、それは宇宙に「始まり」や歴史性を再びもたせることになった（宇宙背景放射と呼ばれる現象が1965年に発見されたが、「サイクリック宇宙論」という考えを唱えているポール・スタインハートらは「宇宙背景放射の発見は、定常状態モデルとビッグバンモデルとの何十年にもわたる戦いに決着を付けた」と述べている（スタインハート他〔2010〕）。

そしてさらに近年では、インフレーション理論、超ひも理論や膜宇宙論等々といった様々な理論や仮説が存在し、宇宙論は百花繚乱の観を呈している。それらの中で本書の関心にとって興味深いと思われるのは、「マルチバース」（多宇宙）と「人間原理」に関する話題だろう。

マルチバースと人間原理

簡潔に記すと、「マルチバース multiverse」とは「ユニバース universe」をもじったその複数形で、文字通り複数の宇宙が存在することを論じるものであり、様々なバリエーションがある（量子力学の多世界解釈と呼ばれる考えから来るもの、インフレーション理論から帰結するもの、超ひも理論に基づくもの等々であり、アメリカの物理学者ブライアン・グリーンの『隠れていた宇宙』はそうしたマルチバースないし平行宇宙論の様々な形態を包括的に論じたものである（グリーン〔２０１１〕）。

他方、「人間原理 anthropic principle」とは、「宇宙の微調整問題」あるいは「絶妙なデザイン」と呼ばれる事実、つまり宇宙における様々な定数（炭素のエネルギー準位、電磁気力などの強さ、宇宙の曲率等々）が生命や人間が存在するための絶妙の値になっているという事実から、人間の存在を宇宙の現象を説明する重要な要素として位置づける考え方をいう。これには「弱い人間原理」「強い人間原理」などバリエーションがあり、それらについて多くの議論がなされているが、それが「コペルニクス原理」との対照で言われることにも示されるように、先ほど述べた近代科学における宇宙像と異なって、何らかの意味で「人間」の存在を宇宙や世界の説明において積極的に位置づけることに特徴がある。

想像されるように、こうした「人間原理」の考え方は物理学者の中ではあまり評判がよくないようだが（スタインハート他〔２０１０〕など）、先ほどのマルチバースの考え方とセットになった人間原理は、ひとつの「科学的」な説明とされている（佐藤〔２０１０〕）。これは要するに、様々な宇宙が無数に存在しており、その中で私たち人間がいる宇宙は、人間に都合がよいようにできている宇宙であるというとらえ方で、ある種のトートロジーのようなものだろう。

以上述べてきた点に関して、やや長めの引用となるが、物理学者の松原隆彦が述べている次のような指摘は興味深い。

「古典的な物理学では、人間は宇宙の中にいてもいなくてもよい、取るに足りない存在と考えられていました。しかし、相対性理論や量子論によって、観測を行う人間の存在が再び重要性を帯びてきました。量子論の解釈問題は、人間の存在が宇宙の中心的なものであるという可能性すら呼び起こしました。宇宙の微調整問題を解決するための強い人間原理には、人間の存在を宇宙の根本原理にまでしようというニュアンスすら含まれています。

これに対して、量子論の多世界解釈などを含むマルチバースの概念は、再び人間を取るに足らないものに貶めます。想像を絶する広大なマルチバースの中で、ごく辺鄙《へんぴ》な特殊な場所に、たまたま人間が生まれる条件が整っていたのだということになります。マルチバースの中で人間が生まれる必要性はありません。……そう考えると、マルチバースの考え方は急進的のように見えてその実、古典物理学への回帰ともいえる保守的な面を持っています」（松原［2012］、強調引用者）

この指摘はその通りのものだろう。つまり、マルチバース概念と人間原理の関連をやや単純化して示すと、

マルチバース ……客観的実在論に親和的

（強い）人間原理 ……主観的観念論に親和的

とも呼べるような対照がある。ここで「客観的実在論」と「主観的観念論」というのはある意味で

古典的な哲学（認識論）用語だが、マルチバース的な世界観は、上記の松原氏の指摘にもあるように、究極的には宇宙や世界が人間とは無関係にそれ自体において存在（実在）しているという世界観になるだろう（ただしそこでの「存在」や「実在」は、〝観測できる〟とか〝知覚できる〟という意味にとどまらず、概念的ないし理論的に存在するという意味も含まれている）。

他方「人間原理」のほうは、その「強い」形態のものになればなるほど、「宇宙の存在そのものが人間の存在や認識にかかっている」という方向に傾斜し、〝宇宙あるいは世界全体が、人間あるいは認識する主体の意識の内部の出来事である〟という、認識論で言うところの主観的観念論（究極的には独我論）としての性格を強めることになる。

しかしながら、上記のように客観的実在論のうち、その「実在」（ないし存在）概念を拡張し、様々な概念や理論も「実在」の中に含めて考えていけば、客観的実在論と主観的観念論は究極において一致する（！）可能性も出てくるわけである。

マルチバース概念と人間原理が結びつくというのも、そうした一つのパターンと言えるかもしれない。いずれにしても、最近の宇宙論はその前線において哲学（コスモロジーという意味では宗教）と重なる面が強くなっているように見える。

エコロジカルな認識観へ

けれども、以上に示したような「客観的実在論」と「主観的観念論」はいずれも両極端というべきであって、実はある種の〝二項対立〟的な図式が前提となっていると考えるべきではないだろうか。

〝二項対立〟的な図式とは、主観の側（認識する主体）と客観の側（認識される客体）を明確に分断してとらえる考えの枠組みをいう。それに対し、ここで重要となるのは、むしろ先ほど地球倫理のところで論じたような「エコロジカルな認識観」ではないだろうか。

つまりそれは、人間は世界あるいは宇宙の一部であり、その環境の中で、生存にとって重要な〝世界の一部〟を切り取って認識しているという把握である。

言い換えれば、人間の認識（そして認識によって浮かび上がる「存在」）そのものが、その生きる環境の中で生成するという理解である。

先ほど〝二項対立〟と言ったように、認識する人間の側を離れて確固たる自然ないし実在がはじめから独立して存在しているのではないし、かといって逆に、人間が自らの観念によって世界や宇宙を自由に作り上げるのでもない。

ちなみに先ほど引用した松原氏も、「粒子や物体の存在とその振る舞いを表す数式自体、それを観察する人間の脳の中で行われる情報処理の仕方に縛られているかもしれません。物理法則の形は、私たちが世界を把握する方法に依存している可能性があります。……論理的思考は人間の脳の中で行われるものです。それが人間の脳の構造に依存したものでない、と断言できるものでしょうか」「人間は宇宙のすべてを一瞬にして把握することはできません。その論理的な思考形式には、宇宙全体の一部分を切り取って認識することが本質的のように見えます」と述べている（松原前掲書）。

これは物理学者の中では少数派に属する認識観ないし世界観であるように私には思えるが、まさに「エコロジカルな認識観」であり、地球倫理で述べたのと同様に、宇宙論という、世界のもっとも根源的な認識や存在に関わる領域でもこうした理解が今後重要になっていくのではないだろうか。

宇宙進化の中での地球―生命―人間

いま「マルチバース」と「人間原理」を手がかりに、「エコロジカルな認識観」という視点で地球倫理と宇宙論との関係について述べたが、両者が関わるもう一つの文脈として次のような点がある。

それは、宇宙の生成と進化の全体の流れの中で「地球―生命―人間」を包括的にとらえるような視点である。その全体的な構図を示したのが**図**であり、それは次のような趣旨のものだ。

「宇宙」をめぐるテーマが究極的に関わるのは、ビッグバンもそうだし先ほどのマルチバースや人間原理も関連するが、「存在／非存在」の根源的な分岐やその生成に関わる次元と言えるだろう。マルチバースや人間原理をめぐる議論が、存在（ないし実在）の意味や存在と認識の関係に深く関わるものであることは先ほど見たとおりである。

次に、いわば存在の内部において「秩序／混沌」の分岐あるいは対立があり、これは混沌の中からいかにして秩序が生成するかというテーマとなる。これについては熱力学でのいわゆるエントロピーをめぐる議論があり、宇宙あるいは世界は放っておけば無秩序が拡大する方向（熱的平衡）に不可逆的に向かっていく（＝エントロピー増大則）という理解があった。

同時に、（本書の『古事記』と現代生命論」でも言及したように）しかし「生命」はそうした方

自己形成的な自然

宇宙 ……存在／非存在の分岐
↓
秩序形成　（散逸構造、自己組織化、開放定常系）…… 地球
↓　　　＝反・エントロピー増大
自己複製システム…… 生命 （原核細胞→真核細胞→多細胞個体）
↓
自己意識…… 人間

＊地球：「物質＋エネルギー」に関する開放定常系
＊生命：「物質＋エネルギー＋情報」に関する開放定常系
＊人間：「物質＋エネルギー＋情報＋自己意識」に関する開放定常系

図　宇宙―地球―生命―人間をめぐる構造

向に逆らう存在であるという把握が物理学者シュレディンガーの『生命とは何か』（１９４４年）を契機に提案されるようになり、彼はそれを〝生物は負のエントロピーを食べて生きている〟〝生物体は環境から「秩序」をひき出すことにより維持されている〟と表現したのである。

ところで、以上の議論は一足飛びに「生命」と「秩序（形成）」を結びつけているが、しかし実は生命現象ではない（物理化学的な）自然現象においても既に様々な秩序形成が見られる。このことを包括的に論じたのが（これも「『古事記』と現代生命論」でも言及した）イリヤ・プリゴジンであり、そこでは平衡から離れた開放系（外部とエネルギーをやりとりする系）において混沌から秩序だったパターンが生成する様々な現象が分析された（「散逸構造」と呼ばれまた「自己組織化」の現象ともされた）。

この場合、プリゴジンが特に注目したのはミクロの物理化学現象だったが、「地球」そのものもまた、宇宙空間とエネルギーのやりとりをしながら、大気と水の循環をベースに恒常性を保っている「開放定常系」のシステムと言え

る（室田〔1979〕）。

開放定常系と地球―生命―人間

そして、以上は混沌からの秩序形成あるいは自己組織化に関わるものだが、これに「自己複製」という要素が加わると、それがすなわち「生命」ということになる。生物学者のカウフマンは、これについて「自己の複製に対して触媒作用をもつ化学物質の系、これが生物の核心である」と述べている（カウフマン〔2008〕）。これは、DNAやRNAといった物質の要素的単位を生命の出発点と見るのではなく、当初から一定の複雑さを備えた「システム」として生命をとらえる見方とも言えるだろう。

以上、「宇宙」→自己組織化（散逸構造、開放定常系）→「地球」→「生命」（自己複製）という流れを見たわけだが、ここから先は本書の「『自己実現』と『世界実現』」のところで行った議論につながることになり、生命の中でのさらなる進化（原核細胞→真核細胞→多細胞個体）をへて、人間が生まれたことになる。

このように考えていくと、宇宙の生成や進化の中での「地球―生命―人間」を包含する全体的な構造が浮かび上がってくるだろう。

ここで、これらの全体を「開放定常系」という包括的な観点から見ると、次のような把握が可能ではないだろうか。

すなわち、地球が先に見たように「物質＋エネルギー」に関する開放定常系であるとすれば、それに「情報」という要素が加わり、遺伝情報の複製を通じて世代継承的な開放定常系をつくるのが生命である。

さらにそれが、(脳情報を通じての他個体とのコミュニケーションを通じコミュニティを形成する中で)「自己意識」を含む形での開放定常系――いわば〝意識という開放定常系〟――をつくるところまで進化したのが人間であるという理解だ(再び**図**参照)。

ここで大事なのは、以上述べたように生命や人間はいずれも「開放定常系」としての性格をもっているが、その根底的な基盤に「開放定常系としての地球」の存在があるという点である。「地球倫理」という発想が重要になる一つの根拠はこの点にあるだろう。つまり私たち人間や生命や意識の本質はその開放定常系という性格にあり、つまり外部と物質・エネルギー・情報をやりとりしながら創発的に秩序を形成するという点であるが、そのもっとも重要な基盤ないし土台が地球にあるということである。

「自己形成的な自然」観へ

もう一つ重要な点は、これらの全体を貫く「自己形成的な自然」とも言うべき自然観ないし生命観だ。

すなわち、以上の「宇宙―地球―生命―人間」をめぐる構造の全体を貫いているのは、宇宙の生成以降における「自己組織化＝混沌からの秩序形成＝自然の内発性ないし創発性」という、一貫したベクトルと言えるだろう(伊東〔1985〕、ヤンツ〔1986〕参照)。

またこのように自然や宇宙をとらえると、「人間と自然」、「生命と非生命」ひいては「非存在と存在」の間に本質的な〝境界〟を設けることはできず、それらは一つのもの――それを「宇宙」とも「生命」とも「自然」とも呼ぶことができるだろう――の様相あるいは次元の違いであるという把握が可能になる。

こうした点について、次のように考えてみてはどうだろうか。

思えば先ほどもふれたエントロピー概念は、宇宙は放っておけば無秩序を増す方向に向かって進んでいくと考えるわけだが、ある意味でこれは「機械論」的な世界像と裏腹のものだったのではないだろうか。

実際には、生命そのものは40億年の歴史の中で一貫して複雑な方向へと進化を遂げてきた。また、そもそもビッグバンで宇宙が生まれたということ自体、根本的な意味で「エントロピー増大則」に逆らう現象だろう。

これについて、最初の（宇宙生成という）現象は〝例外〟であり、それ以降のエントロピー増大のほうのみが〝原則〟であるとするのは、ある種の強弁ないし便法にしか過ぎないのではないか。

つまり宇宙の進化にしても、生命の進化や複雑化にしても、世界の全体を見渡せば、むしろエントロピー増大則に逆らう現象が、自然の中には広く見られるのである。ということは、むしろこちらのほう（エントロピー増大則に逆らう、秩序形成や内発性）を自然の原理と見立てて、逆にエントロピー増大に関わる現象を二次派生的なもの――いわばある種の「残滓」――と考えることは決して不合理ではないだろう。

さらに言えば、生命進化に関するダーウィニズム的な理解は、生物の進化は突然変異と自然選択という「機械論」的な現象として把握できるとするわけだが、これでは現象の記述的説明にはなっても、進化そのものを動かす根本にある駆動因を明らかにすることにはならず、むしろそうしたものは議論の背後に隠される形になっている（ちょうどニュートン力学において、「力」という概念そのものが、それ自体は問われぬ前提として置かれたように）。

これは先ほどのエントロピー増大則が、宇宙の生成そのものを〝例外〟にしてしまい、それ以降の現象のみを説明の対象とするのと同じ論理の転倒を犯しているのではないか。

つまり自然や生命のもっとも根源にあるものは、〝隠された〟形で自然の外部に置かれてしまい――かつてはそこに「神」が置かれていた――、自然や生命はそれから隔離された、受動的で機械的な存在になっているのである。

そうではなく、むしろ私たちは、ここで述べてきたような「自己形成的な自然」ないし自然の内発性といった把握を原理にすえた世界や人間、社会のビジョンを考えていく時期に来ている。

それはたとえば、5節で扱った統合医療のテーマとつながるような、個人のもつ〝自己治癒力〟や生命の内発性を重視したケアや対人サポートのあり方の基盤にもなるだろう。

またこうした自然や生命に関する理解の方向は、第Ⅰ部の「情報とコミュニティの進化」や第Ⅱ部の「『自己実現』と『世界実現』」、「『古事記』と現代生命論」のところで言及したような、現代の科学の様々な先端的な動き（脳研究、生命科学、宇宙論など）とも呼応し、しかも本書の中で論じてきた「自然信仰／自然のスピリチュアリティ」といった、伝統的な世界観とも深いところでつながるものとなる。

地球倫理は、こうした自然観や生命観のありようと一体のものとして構想されていく必要がある。そしてそのことは、本書の中で繰り返し人口減少社会――あるいは人間の歴史の中での第三の定常化の時代――が〝着陸の時代〟であると論じてきたように、私たちがコミュニティや自然、その根源にある次元とのつながりを回復していく時代のベクトルとも深いレベルで呼応することになるのである。

参考文献

アリストテレス（高田訳、１９７１）『ニコマコス倫理学（上）』、岩波文庫
伊東俊太郎（１９８５）『比較文明』、東京大学出版会
今村尚美（２０１２）「幸福度と地域における人とのつながり――江戸にみつけたつながりの条件」、千葉大学法経学部総合政策学科卒業論文
井村裕夫（２０００）『人はなぜ病気になるのか――進化医学の視点』、岩波書店
上田正昭（２０１０）『新版　日本神話』、角川学芸出版
上原巌（２００３）『森林療法序説』、全国林業改良普及協会
同編著（２００５）『事例に学ぶ森林療法のすすめ方』、全国林業改良普及協会
同編（２００８）『森林療法あらかると』、全国林業改良普及協会
イマニュエル・ウォーラーステイン（本多・高橋監訳、１９９３）『脱＝社会科学』、藤原書店
内田亮子（２００７）『人類はどのように進化したか』、勁草書房
ヴッパタール研究所編（２００２）『地球が生き残るための条件』、家の光協会
海部陽介（２００５）『人類がたどってきた道』、日本放送出版協会
スチュワート・カウフマン（米沢監訳、２００８）『自己組織化と進化の論理』、ちくま学芸文庫
春日井道彦（１９９９）『人と街を大切にするドイツのまちづくり』、学芸出版社
フェリックス・ガタリ（杉村訳、２００８）『三つのエコロジー』、平凡社
マイケル・ギボンズ編著（小林監訳、１９９７）『現代社会と知の創造――モード論とは何か』、丸善ライブラリー

J・ベアード・キャリコット（山内他監訳、2009）『地球の洞察』、みすず書房
工藤隆（2006）『古事記の起源』、中公新書
同（2012）『古事記誕生』、中公新書
工藤秀明（2006）「「エコロジカル・フットプリント」論ともうひとつの位相」『千葉大学経済研究』第21巻第2号
ブライアン・グリーン（大田訳、2011）『隠れていた宇宙（上）（下）』、早川書房
アレクサンドル・コイレ（横山訳、1973）『閉じた世界から無限宇宙へ』、みすず書房
小林傳司（2007）『トランス・サイエンスの時代』、NTT出版
駒宮博男（2007）『地域をデザインする』、新評論
近藤克則（2005）『健康格差社会』、医学書院
財団法人自治体国際化協会（2011）『ドイツの地方自治（概要版）2011年改訂版』
櫻井治男（1992）『蘇るムラの神々』、大明堂
佐藤勝彦（2010）『インフレーション宇宙論』、講談社
渋沢栄一（2008〔原著1927〕）『論語と算盤』、角川ソフィア文庫
エルヴィン・シュレディンガー（岡・鎮目訳、1951）『生命とは何か』、岩波新書
ポール・スタインハート他（水谷訳、2010）『サイクリック宇宙論』、早川書房
カール・セーガン（1978）『エデンの恐竜』、秀潤社
高松平藏（2008）『ドイツの地方都市はなぜ元気なのか』、学芸出版社
鶴見和子（1981）『南方熊楠』、講談社学術文庫
永沢哲（2011）『瞑想する脳科学』、講談社
中島恵理（2005）『英国の持続可能な地域づくり——パートナーシップとローカリゼーション』、学芸出

版社
中山茂（1974）『歴史としての学問』、中央公論社
二宮尊徳（児玉訳、2012）『二宮翁夜話』、中央公論新社
日本住宅会議編（2007）『住宅白書2007-2008：サステイナブルな住まい』、ドメス出版
日本統合医療学会編（2005）『統合医療　基礎と臨床』、ロータス企画
野口悠紀雄（2012）『製造業が日本を滅ぼす――貿易赤字時代を生き抜く経済学』、ダイヤモンド社
マクファーレン・バーネット（野島・深田訳、1973）『遺伝子、夢、現実』、蒼樹書房
ロバート・パットナム（柴内訳、2006）『孤独なボウリング』、柏書房
久繁哲之介（2012）『コミュニティが顧客を連れてくる』、商業界
平川新（2012）「地域と歴史　相互に還元」、日本経済新聞、10月13日夕刊
広井良典（1992）『アメリカの医療政策と日本――科学・文化・経済のインターフェイス』、勁草書房
同（1997）『ケアを問いなおす』、ちくま新書
同（1999）『日本の社会保障』、岩波新書
同（2000）『ケア学』、医学書院
同（2001a）『定常型社会　新しい「豊かさ」の構想』、岩波新書
同（2001b）『死生観を問いなおす』、ちくま新書
同（2003）『生命の政治学――福祉国家・エコロジー・生命倫理』、岩波書店
同（2005）『ケアのゆくえ　科学のゆくえ』、岩波書店
同（2006）『持続可能な福祉社会』、ちくま新書
同（2009a）『グローバル定常型社会』、岩波書店
同（2009b）『コミュニティを問いなおす』、ちくま新書

同（2011）『創造的福祉社会――「成長」後の社会構想と人間・地域・価値』、ちくま新書
同編（2008）『「環境と福祉」の統合』、有斐閣
廣重徹（1973）『科学の社会史』、中央公論社
福士正博（2009）『完全従事社会の可能性』、日本経済評論社
福島清彦（2011）『国富論から幸福論へ』、税務経理協会
藤井直敬（2009）『つながる脳』、NTT出版
藤本頼生（2009）『神道と社会事業の近代史』、弘文堂
ブルーノ・S・フライ他（沢崎他訳、2005）『幸福の政治経済学』、ダイヤモンド社
アンナ・ブラムウェル（金子訳、1992）『エコロジー　起源とその展開』、河出書房新社
イリヤ・プリゴジン、イザベル・スタンジェール（伏見他訳、1987）『混沌からの秩序』、みすず書房
古川安（1989）『科学の社会史』、南窓社
フェルナン・ブローデル（金塚訳、2009）『歴史入門』、中公文庫
リチャード・フロリダ（井口訳、2008）『クリエイティブ資本論』、ダイヤモンド社
ヨセフ・ベン－デービッド（潮木・天野訳）（1974）『科学の社会学』、至誠堂
デレック・ボック（土屋他訳、2011）『幸福の研究』、東洋経済新報社
星野之宣『宗像教授異考録』、小学館
馬上丈司（2010）「分散的エネルギー供給とエネルギー永続地帯指標」、倉阪秀史編著『環境――持続可能な経済システム』、勁草書房
真木悠介（1993）『自我の起原』、岩波書店
松下和夫（2010）「なぜドイツは環境保護と経済成長を両立できるのか」『エコノミスト』11月23日号
松葉ひろ美「社会保障の基本原理を求めて――「生命」を軸とする社会保障理念の可能性」『週刊社会保

障』２０１３年1月28日号
ウンベルト・マトゥラーナ、フランシスコ・バレーラ（管訳、１９９７）『知恵の樹』、ちくま学芸文庫
松原隆彦（２０１２）『宇宙に外側はあるか』、光文社新書
三浦展（２０１１）『スカイツリー東京下町散歩』、朝日新書
スティーヴン・ミズン（松浦他訳、１９９８）『心の先史時代』、青土社
見田宗介（１９９６）『現代社会の理論』、岩波新書
室田武（１９７９）『エネルギーとエントロピーの経済学』、東洋経済新報社
薬師寺泰蔵（１９８９）『テクノヘゲモニー』、中公新書
カール・ヤスパース（重田訳、１９６４）『歴史の起源と目標』、理想社
エリッヒ・ヤンツ（芹沢・内田訳、１９８６）『自己組織化する宇宙』、工作舎
吉田久一（１９９４）『日本の社会福祉思想』、勁草書房
吉田忠（１９８０）「科学と社会」、村上陽一郎編『科学史の哲学』、朝倉書店
米本昌平（１９９９）『知政学のすすめ』、中央公論社
同（２０１０）『時間と生命』、書籍工房早山
ジェローム・ラベッツ（御代川訳、２０１０）『ラベッツ博士の科学論　科学神話の終焉とポスト・ノーマル・サイエンス』、こぶし書房
渡辺京二（２００５）『逝きし世の面影』、平凡社ライブラリー
渡辺慧（１９８０）『生命と自由』、岩波新書
『病院』「「環境の時代」と病院」、67巻11号（２００８年11月）
Chesworth, Jennifer (ed) (1996), *The Ecology of Health*, Sage.

DeLong, J. Bradford (1998), "Estimating World GDP, One Million B.C. – Present," http://www.j-bradford-delong.net/

Fitzpatrick, Tony and Cahill, Michael (eds) (2002), *Environment and Welfare: towards a Green Social Policy*, Palgrave.

Kawachi, Ichiro et al (eds) (2007), *Social Capital and Health*, Spronger.

Nesse, Randolph M. and Williams, George C. (1994), *Why We Get Sick*, Vintage.

New Economics Foundation (2002), *Plugging the Leaks.*

Stearns, Stephen C. and Koella, Jacob C. (ed) (1999), *Evolution in Health and Disease*, Oxford UP.

Stiglitz, Joseph E. and Sen, Amartya et al (2010), *Mismeasuring Our Lives: Why GDP doesn't add up*, The New Press.

Unwin, Raymond (1909), *Town Planning in Practice: An Introduction to the Art of Designing Cities and Suburbs.*

あとがき

本当にごくかすかな変化ないし兆しであり、多少の希望的観測を含むものだが、ここ数年、日本社会の〝空気〟が、わずかに「ゆるやか」に、あるいは「ゆったり」としてきている兆候を感じるのは私だけだろうか。

このうち「ゆったり」のほうは比較的明らかで、たとえば街の中での人々の歩くスピードを見ると、それがいちばんゆっくりしているのはむしろ若い世代である。一方、団塊の世代前後の人たちの多くは、相変わらず〝先を急ぐ〟ように歩いているが、それでも退職期ないし高齢期を迎え、少なくとも「カイシャ人間」時代のような性急さは少しずつ薄れてきている。

もう一つ、先ほど「ゆるやか」と記したのは、単に社会や生活全体のスピードのことではなく、それに加えての、(見知らぬ)他者に対する「開かれた関係性」のようなことを意味してのことだった。そしてこれについても、かなりの希望的観測をこめて記せば、本文でも少し述べたように、たとえば次に来る人のためにドアをちょっと開けておくとか、見知らぬ者どうしで道をゆずり合うとかいった小さな習慣が、わずかではあるが見られるようになってきていると感じられる。もちろん、とはいえ同時に、〝無言社会〟と言えるほど、日本の都市では見知らぬ者どうしが声をかけあったりコミュニケーションをとることが本当に少ないのだけれども。

ところで以上に述べたようなかすかな変化は、一つには「ポスト3・11」という状況が関係していると思われるが、私自身は、それは構造的とも呼べるような、もっと中長期的な日本社会の変化の現れだと考えている。

それが他でもなく、本書の主題である「人口減少社会」ということに重なる。すなわち本書の中で繰り返し論じてきたように、「拡大・成長」の強いベクトルとその圧力の中で、〝一本道〟の坂道をひたすら登り続けてきた（明治維新以来の）日本社会のありようが終焉し、成熟あるいは定常化の時代を迎えつつあるという構造変化である。

それは、これも本文で述べてきたように、東京を中心とする中央集権的なシステムや、「都市－地方」のあり方、「ローカル」の意味、まちづくりや地域のあり方、教育のあり方、そして人々の意識や行動パターン、人と人との関係性など、あらゆることに深いレベルで影響を与え変化を促していくだろう。

今という時代は、こうした100年単位の大きく深い変化の、いわば〝生みの苦しみ〟の時代でもあり、かつ「経済成長への強迫観念」から解放されていく、（ある意味で白地に絵を描いていくような）新たな出発そして一人ひとりの創造の時代とも言える。

話題をさらに広げれば、以上は主に日本社会にそくした視点だが、その変化はここ数百年続いた産業化の後の、「ポスト資本主義」の社会構想というテーマとも重なり、加えて、本書の中で論じた「第三の定常化の時代」という人類史的な文脈とも重なることになる。

本書の「はじめに」で『Economist』誌の「ジャパン・シンドローム」特集について言及したが、以上のような変化を、ある意味で日本社会はもっとも劇的な形でくぐりぬけていくという、世界的にも象徴的なポジションに立っているのである。

＊

以上の内容に関連して、若干個人的な述懐を記すことをお許しいただきたい。

前の本にも記したように、私は岡山市の中心部にある（現在は半ばシャッター通りになりかかっている）商店街で生まれ育ったが、地方都市で育った子どもにとっては、もちろん中学受験などといったものは意識の中に存在せず、小学校まではただ遊んだ記憶しかない。しかし中学に入ると、成績の順位というものが初めて出るようになり、かつ（当時初めて使われるようになった）偏差値などという数字も併せて示されるようになった。

その頃強く感じたのは、自分が何か大きなエスカレーターのようなものに乗るのを余儀なくされているという感覚（とそれに対する違和感）であり、これはもちろん私に限らず、多くの人がもつ感覚だろう（さらに言えば、明治期以降の日本社会全体がそうしたエスカレーターに乗ってきたのである）。

そのエスカレーターはよくわからないが〝上昇〟という価値と不可分であり、しかしそれを上っていった先に何があるのかはよく見えない。また、そのエスカレーターに乗っていくことが人生の〝幸福〟につながるのかもよくわからない（と言うより、かなり疑わしい）。

当時思っていたのはそうしたことだった。時代として見れば、私がそうしたことを思っていた70

年代半ばという時期は、オイルショックをへて高度成長も落ち着きはじめ、モノがあふれるようになって従来の成長路線に様々な疑問も感じられるようになっていた時代だった（それでも日本社会は軌道修正をすることなく「成長・拡大」路線をただ突き進んで――エスカレーターを上り続けて――いったが）。

その頃は、「定常型社会」などという言葉を思いつくはずもなかったが、私の中での問題意識の原点がそこにあるのは確かである。述懐にさらにおつき合いいただければ、そうした関心は、高校に入った後、とりわけ大学進学を目前にする中で先鋭化し、それが「価値」の根拠や、自分がこの世界で生き世界を認識しているとはどういうことかという、分類すれば哲学と呼ばれる領域に重なる問いにつながっていった（そしていったん大学で法律専攻のコースに入ったものの、3年になる時に「科学史・科学哲学」という哲学系の専攻に転科することになった）。

「人口減少社会という希望」ということを主題とする本書において、第Ⅱ部ではずいぶんと科学や哲学や宗教などに関わる話題が中心になっていることに違和感をもつ読者の方もいるかもしれないが、今後の社会のありようを考え構想することと、そこでの（成長・拡大に代わる）根源的な価値や死生観・生命観などを考えることは、不可分に連動するものと私自身は考えている。

＊　＊　＊

最後に本書の成り立ちについて記させていただきたい。２００９年に『グローバル定常型社会』と『コミュニティを問いなおす』という本を出し、２０１１年に私の中でこれらを統合するような意味合いをもった『創造的福祉社会』という本をまとめ、自分としては、(この3冊の〝トライアングル〟によって)当分本を書くことはないだろうと思っていた。ところが、「コミュニティ経済」や「地球倫理(ないし福祉思想)」などのテーマをめぐる考えが徐々に進展し、また『We-bronza』その他の媒体に比較的短めの文章を書いているうちに、全体として「人口減少社会という希望」というコンセプトでまとめられるような本の輪郭が浮かび上がり、本書が出来上がることになった。

ある意味では、前著の〝応用編〟のような性格も持っているが、特に本書の最後の部分(地球倫理や自己形成的な自然をめぐる議論)によって、上記の統合が本当の意味で果たされたのではないかとひそかに思っている。と言っても、これらは自分の中での自己満足的な思いに過ぎず、評価は当然のことながら本書をお読みいただく読者の方々にゆだねられるものであり、忌憚のない御意見や御批判をいただければ幸いである。

上記のように、本書の一定部分は『WEBRONZA』『Biocity』『世界』『新都市』『科学』『ガバナンス』等に掲載した文章をベースにしている。特に『WEBRONZA』に関してお世話になった尾関章氏、そして本書の編集を担当いただき、あらゆる面にわたり行き届いた配慮をいただいた矢坂美紀子氏にこの場を借りて感謝いたしたい。

2013年　早春の九十九里にて

広井良典

広井良典（ひろい・よしのり）
1961年岡山県生まれ。千葉大学法経学部教授。東京大学教養学部卒業（科学史・科学哲学専攻）、同大学院修士課程修了（相関社会科学専攻）。厚生省勤務を経て1996年千葉大学法経学部助教授、2003年より現職。この間2001—02年マサチューセッツ工科大学（MIT）客員研究員。
社会保障や環境、医療・福祉、都市・地域にかんする政策研究から、時間、ケア、死生観等をめぐる哲学的考察まで、幅広い活動を行っている。
著書に、『ケアを問いなおす』『日本の社会保障』（エコノミスト賞受賞）『定常型社会』『死生観を問いなおす』『生命の政治学』『コミュニティを問いなおす』（大佛次郎論壇賞受賞）『創造的福祉社会』など多数。

朝日選書 899

人口減少社会という希望
コミュニティ経済の生成と地球倫理

2013年4月25日　第1刷発行
2013年7月25日　第3刷発行

著者　広井良典

発行者　市川裕一

発行所　朝日新聞出版
〒104-8011 東京都中央区築地5-3-2
電話 03-5541-8832（編集）
03-5540-7793（販売）

印刷所　大日本印刷株式会社

© 2013 Yoshinori Hiroi
Published in Japan by Asahi Shimbun Publications Inc.
ISBN978-4-02-263001-8
定価はカバーに表示してあります。

落丁・乱丁の場合は弊社業務部（電話03-5540-7800）へご連絡ください。
送料弊社負担にてお取り替えいたします。

新版 原発のどこが危険か
世界の事故と福島原発
桜井 淳
世界の事故を検証し、原子力発電所の未来を考える

化石から生命の謎を解く
恐竜から分子まで
化石研究会編
骨や貝殻、分子化石、生きた化石が語る生命と地球の歴史

研究最前線 邪馬台国
いま、何が、どこまで言えるのか
石野博信、高島忠平、西谷 正、吉村武彦編
九州か、近畿か。研究史や争点を整理、最新成果で検証

さまよえる孔子、よみがえる論語
竹内 実
孔子の生いたち、『論語』の真の意味や成立の背景を探る

asahi sensho

新版 オサマ・ビンラディンの生涯と聖戦
保坂修司
その生涯と思想を、数々の発言と資料から読み解く

関東大震災の社会史
北原糸子
膨大な資料を紐解き、大災害から立ち上がる人々を描く

液晶の歴史
D・ダンマー、T・スラッキン著／鳥山和久訳
誰もがなじみの液晶をめぐる、誰も知らないドラマ

新版 原子力の社会史
その日本的展開
吉岡 斉
戦時研究から福島事故まで、原子力開発の本格通史

（以下続刊）